UNIVERSALE
ECONOMICA
FELTRINELLI
RAGAZZI

Alessandro Leogrande con Nadia Terranova

LA FRONTIERA

RACCONTATA AI RAGAZZI CHE SOGNANO UN MONDO SENZA FRONTIERE

Prima edizione ne "I Narratori" novembre 2015
Prima edizione in "Universale Economica" giugno 2017
Nuova edizione in "Universale Economica Ragazzi" maggio 2021

A cura di
NADIA TERRANOVA

Published by arrangement with The Italian Literary Agency

Illustrazione di copertina e ritratto dell'autore di
MARINO NERI

Stampa Grafica Veneta S.p.A. di Trebaseleghe - PD

ISBN 978-88-07-89495-4

FSC
www.fsc.org
MISTO
Carta
da fonti gestite in
maniera responsabile
FSC® C021883

Vidi poi un nuovo cielo e una nuova terra,
perché il cielo e la terra di prima erano
scomparsi e il mare non c'era più.

Apocalisse 21,1

Le vite degli altri

di Nadia Terranova

Ho conosciuto Alessandro Leogrande nella primavera 2015. Pochi giorni dopo il nostro primo incontro, mi confessò, emozionato, che stava concludendo un libro, il più importante della sua vita, che si intitolava *La frontiera*. Disse che ci aveva messo dentro non solo le storie dei migranti su cui aveva lavorato negli ultimi anni, ma anche una diversa visione del mondo, di sé, e dello sguardo che fino a quel momento aveva poggiato sui fatti di cronaca e di storia, sulle vite delle persone. Una nuova riflessione su come le guerre, i naufragi e tutto ciò che sembra accadere lontano da noi ci riguardi invece molto da vicino.

L'immigrazione, allora, non era un discorso "di moda", e il lavoro di Alessandro, un lavoro fatto di ascolto, dialogo, attenzione e studio, si era svolto soprattutto nell'ombra. Da quando, neanche ventenne, aveva cominciato a scrivere e a pubblicare articoli, saggi e reportage, si era sempre occupato degli ultimi e dei penultimi della Terra, degli invisibili, dei braccianti, dei trafficanti di esseri umani e degli esseri umani trattati come schiavi. I suoi occhi erano pieni di ciò che il mondo si rifiuta di vedere: storie di violenza e di solidarietà, di sopraffazione e di riscatto, di fughe e ritorni. *La frontiera* raccontava tutto questo, ponendo nuove connessioni tra le politiche dei paesi d'origine dei migranti che arrivano sulle nostre coste, i respingimenti di cui siamo responsabili e le loro vite private, fatte di traumi, lutti e ricerca di parole per raccontarli e soprattutto di orecchie disposte all'accoglienza. Che scrivesse di Sudamerica, di Africa o del meridione d'Italia, in particolare della sua Taranto, Alessandro univa l'intensità di una lingua letteraria a una straordinaria limpidezza di pensiero, cosicché i suoi testi diventavano uno strumento sia per divulgare sia per approfondire quei temi che le prime pagine dei giornali tendono ad appannare. *La frontiera* non faceva eccezione.

Iniziando a leggerlo, entrai nella scrittura di Alessandro con un rispetto quasi sacrale. Mi accorsi, però, che non era lo spirito giusto: anche il lettore deve sporcarsi le mani, addentrandosi in pagine in cui il bene e il male non sono entità estranee e separate in modo netto, ma movimenti che attraversano in ogni istante la complessità delle nostre vite. La frontiera siamo noi, nessuno escluso: siamo noi il confine tra il nostro pensiero e le nostre azioni. Se conosciamo quel confine possiamo rivoluzionarlo, e rivoluzionarci ogni giorno.

Leggere Alessandro Leogrande, oggi che non c'è più, significa dare a noi stessi la possibilità di essere interrogati dal suo sguardo, che non si è mai arreso alla mediocrità, e, così incalzati, trovarsi spinti a migliorare. Ci sono libri che esortano a essere persone migliori, libri morali e non moralisti, che hanno accesso alle parti più intime di noi: *La frontiera* è uno di questi.

Dissi ad Alessandro che il lascito più forte e sconvolgente di quella lettura era la certezza che gli fosse riuscito ciò che solo ai grandi scrittori riesce: scrivere un libro pienamente maturo sull'ossessione della propria vita. E l'ossessione della sua vita erano gli altri. Ma c'era di più: *La frontiera* era un libro visionario, anticipatore, che aveva già la forza di un classico. Un libro che sarebbe rimasto ben oltre la vita del suo autore, anche se nessuno poteva immaginare che sarebbe stata così tragicamente breve.

Oggi l'unico rammarico rispetto a quelle parole è non poterne aggiungere altre: vedi che avevo ragione, ogni discorso sui migranti non potrà più prescindere da quello che hai scritto, gli direi. Aver lavorato a questa edizione per ragazzi colma, in parte, il mio rimpianto.

Quando la casa editrice Feltrinelli e Maria Giannico Leogrande, mamma di Alessandro, mi hanno assegnato questo progetto, ho ripreso in mano la prima edizione della *Frontiera*, la mia copia con la dedica di Alessandro scritta a penna. Prima mi sono commossa e ho pensato che era un compito troppo alto per me, poi ho fatto ciò che Alessandro mi avrebbe esortata a fare, ciò che faceva tutti i giorni: in silenzio, mi sono messa al lavoro. Più forte dell'emozione e dell'onore di avere cura delle sue parole, c'era un obiettivo: far sì che il senso profondo del suo lavoro arrivasse a più occhi possibili. Così ho scelto ed estrapolato alcune storie e tenuto i legami fra esse, sempre lasciando che la prima persona con cui Alessandro scrive, l'io che esprime la sua voce, permeasse ogni singola riga, continuando a vivere e a raccontare.

Alessandro amava andare nelle scuole, era bravissimo a parlare con i ragazzi, li ammaliava e incuriosiva, li spronava e li avvicinava ai suoi temi senza mai risultare noioso o pesante. Con questa edizione della *Frontiera* le sue parole arriveranno anche laddove finora si erano fermate.

È il miracolo dei libri: mostrare ciò che in apparenza non esiste.

Grazie a questo miracolo, i ragazzi potranno vedere e sentire Alessandro lì in mezzo a loro, dietro una cattedra, e poi davanti, in piedi, a raccontare senza sosta le vite degli altri, per cambiare le nostre.

LA FRONTIERA

Prologo

Il sommozzatore si cala in fondo al mare, si tira giù con l'aiuto di una corda, pare danzare, la tuta nera è avvolta da scie di bollicine. A tratti si sente il rumore dell'aria sputata fuori. Al primo sommozzatore se ne aggiunge un altro, poi un altro ancora. Tutti hanno scritto sul braccio destro: *Guardia costiera*. Dopo alcuni secondi circondano il relitto. Adagiato a quaranta metri di profondità, al largo dell'isola di Lampedusa, il peschereccio sembra in secco, incuneato nella sabbia chiarissima del fondale. I tre sub, le bombole sulle spalle, calcano il ponte della piccola imbarcazione ed entrano da una porta laterale. Passa qualche secondo ed estraggono il corpo di una donna, poi quelli di un ragazzo e una ragazza, poi quello di un'altra ragazza.

Ora i corpi sono raccolti sulla sabbia accanto al relitto.

Giacciono in fila, mentre gli uomini della Guardia costiera ne aggiungono altri e altri ancora. Sono decine, centinaia. Compongono una fila lunghissima. Molti indossano ancora i giubbotti, i pantaloni, i maglioni.

Sono tutti neri, tutti giovani.

I sommozzatori continuano la loro operazione come se l'acqua non ci fosse. Come se attraversassero un paesaggio lunare. Continuano a danzare intorno al peschereccio.

A bordo del battello della Guardia costiera c'è un viavai di gente. Nel trambusto generale, il corpo di un bambino viene adagiato sulle assi di legno del ponte. Avrà un anno, un anno e mezzo al massimo, la maglietta rossa, i capelli arruffati, le guance paffute.

La testa poggia su un lato, sotto il sole. Inerme.

Prima parte

IN VIAGGIO

LA FRONTIERA

C'è una faglia sotterranea che taglia in due il Mediterraneo da est a ovest, dal Vicino Oriente fino a Gibilterra. Una linea fatta di infiniti punti, infiniti nodi, infiniti attraversamenti. Ogni punto una storia, ogni nodo un pugno di esistenze. Ogni attraversamento una crepa che si apre.

È la Frontiera.

Non è un luogo preciso, piuttosto la moltiplicazione di una serie di luoghi in perenne mutamento, che coincidono con la possibilità di finire da una parte o rimanere nell'altra.

Dopo la caduta del Muro di Berlino nel 1989, e la fine della Guerra fredda che vedeva contrapposti il blocco sovietico e i paesi Nato, il confine principale tra il mondo di qua e il mondo di là cade proprio tra le onde di quello che, fin dai tempi più antichi, è stato chiamato Mare di mezzo.

LE LEGGI DEL VIAGGIO

1. Non mettersi mai in viaggio con fratelli, mogli, fidanzate, genitori.
2. Condividere solo con gli amici più stretti, una o due persone, l'intenzione di partire.
3. Il giorno della partenza non salutare le persone care per non rendere ancora più dura, se non impossibile, la partenza.
4. Avere disponibilità di soldi, dal proprio paese o da altri parenti all'estero.
5. Avere una forte motivazione che ti spinge a partire.
6. Avere un forte autocontrollo durante il viaggio.
7. Avere molta pazienza soprattutto con le altre persone, nelle lunghe attese, negli imprevisti.
8. Saper scegliere, quando è possibile, gli intermediari.
9. Sapersi mettere nelle mani di qualcuno senza mai fidarsi ciecamente.
10. Poter contare sull'aiuto di un amico speciale con cui si è partiti, o di cui si è fatta la conoscenza durante il viaggio, e sulla cooperazione all'interno di un ristretto gruppo di persone che si affratellano.
11. Essere molto cauti e non interferire in nessuna faccenda che ti possa mettere in pericolo.
12. Avere fortuna.

13. Avere la forza di decidere, la capacità di fare una scelta e seguirla. Non essere indeciso davanti alle scelte fatte.
14. Avere determinazione e volontà.
15. Saper prevedere quello che può succedere.
16. Essere pronto a qualsiasi eventualità, anche la più terribile.
17. Mantenere viva la convinzione del *perché* del proprio viaggio.
18. Non lasciarsi intrappolare e confondere dai *perché* nelle situazioni disperate: "perché proprio a me?", "perché questa ingiustizia?", "perché questa violenza?", "perché non posso vivere in pace?", "perché sono finito qui?".
19. Avere immediatamente chiara la risposta a questi *perché*: "perché non potevo più restare", "perché non posso tornare", "perché ho cominciato e devo andare fino in fondo", "perché forse questo tempo passerà".
20. Mantenere saldo il proprio obiettivo finale per non perdersi nelle difficoltà.
21. Avere coraggio.
22. Mantenere viva non la speranza, che in tante situazioni è persa, ma la capacità di uscire fuori dalle situazioni, passo dopo passo, momento per momento.
23. Per chi ha fede: pregare ogni notte per ritrovare un po' di pace interiore.
24. Non avere paura di chiedere, essere consapevoli dei propri diritti anche quando vengono brutalmente negati, mantenere la propria dignità a tutti i costi.
25. Per chi è timido, pauroso, riservato: sconfiggere la paura di prendersi con determinazione, e anche con rabbia, ciò che gli spetta.
26. Diventare saggiamente egoisti per aiutare se stessi,

non necessariamente contro gli altri, ma per darsi una chance di sopravvivenza in più.

27. Adattare il proprio carattere e spirito alla situazione, sapersi imporre quando è necessario.
28. Non guardarsi indietro.

Le ventotto "leggi del viaggio" sono state scritte da Sinti e Dag, due etiopi rifugiati che vivono a Roma.

Prima di partire da Addis Abeba non sapevano che avrebbero dovuto sottostarvi. Lo hanno scoperto settimana dopo settimana, mese dopo mese, frontiera dopo frontiera, e, dopo l'arrivo in Europa, le hanno appuntate sulle pagine di un quaderno. Hanno pensato che fosse la cosa più importante da fare per mettere in guardia quelli che sarebbero partiti dopo di loro.

GLI ARRIVI DAL MARE

I flussi cambiano sotto i nostri occhi molto rapidamente.

Cambiano i posti di frontiera, cambiano le rotte e le cause che li determinano. Ogni nuovo conflitto che deflagra e ogni dittatura che implode generano una nuova ondata migratoria.

Leggere i numeri è importante, perché nella loro essenzialità permettono di cogliere le trasformazioni più grandi.

Se sul lungo periodo si confronta il numero degli sbarchi con il totale degli arrivi in Italia, cioè anche con gli arrivi via terra o via aereo, e con i viaggi di persone in possesso di un permesso di lavoro o di studio, ci si rende conto che sui barconi è giunto meno del dieci per cento dei migranti. Nonostante l'impennarsi dell'attenzione mediatica in occasione dei naufragi più gravi, gli sbarchi non costituiscono la maggioranza degli arrivi.

ALI
IL PASSAGGIO DELLA LINEA

Nelle prime righe del suo romanzo *La linea d'ombra*, Joseph Conrad scrive: “Già. Si va avanti. E anche il tempo va, fino a quando innanzi a noi si profila una linea d'ombra, ad avvertirci che bisogna dire addio anche al paese della gioventù...”.

Dopo aver ascoltato la storia di Ali non potevo fare a meno di rileggere queste frasi. Spesso l'ingresso nel mondo degli adulti avviene nei viaggi. Conrad intuì che ci sono frontiere della propria biografia che coincidono con le frontiere del mare. Proprio lì, dove i confini certi si fanno incerti, si aprono infiniti varchi per il passaggio in un'altra età della vita. Proprio lì, in mezzo all'andirivieni delle onde, in un luogo imprecisato, senza coordinate cui aggrapparsi, dove tutto è orizzonte, sole di giorno e stelle di notte, dove l'infinito coincide con la nullità di ognuno, si dice addio al paese della gioventù. Qualcuno, in questo addio, appassisce.

Così era la storia di Ali.

Quando aveva lasciato il Darfur, la terra in cui era nato, non aveva mai visto il mare. Sapeva solo che era fatto d'acqua e che ogni tanto qualcuno provava a sfidarlo. Mai però avrebbe immaginato che quella sorte, un giorno, sarebbe spettata a lui.

Anni dopo il Grande Viaggio che lo aveva portato in Europa attraverso il Mediterraneo, quel mare enorme e minaccioso, le cause che lo avevano spinto alla fuga erano ancora chiare nella sua mente. Ali ricordava ogni frammento, la prima e unica volta in cui me lo raccontò. "Avevo ventun anni," disse per poi interrompersi, fare una pausa e riprendere il flusso di pensieri lasciati chissà dove. "Era un giorno di dicembre, erano le sei di mattina. Mi trovavo a Markuba, il mio villaggio, e pregavo. In casa c'erano le mie quattro sorelle, i miei cinque fratelli, mia madre, mio padre..." Poco dopo l'alba erano arrivati i Janjaweed, bande di predoni, per rubare i loro animali. "Erano a cavallo, erano più di cento. Adam, un mio vicino, aveva tante mucche. I Janjaweed lo uccisero davanti a casa sua, non voleva farsele sequestrare. Il capovillaggio suonava il tamburo per lanciare l'allarme, ma i Janjaweed continuavano a correre con i cavalli intorno alle case. Correvano all'impazzata, entravano, rubavano e uccidevano. Noi non avevamo fucili per difenderci, solo lance. In quattro volevano prendermi, ma io sono scappato in mezzo agli alberi. Nella foresta i cavalli non potevano correre più veloci di me."

Con l'aiuto di Marco, nello stanzone di una scuola di italiano per stranieri in un angolo della periferia di Roma, Ali mi raccontava la sua fuga.

Marco era il suo insegnante. Lo avevo conosciuto perché entrambi facevamo parte di un gruppo di volontari che avevano messo in piedi una scuola di italiano per immigrati in un centro sociale sulla via Prenestina. Non era durato a lungo, ma dopo quell'esperienza lui aveva deciso di studiare, formarsi e ricominciare in un'altra sede, con altre persone, convinto che quello della scuola fosse uno spazio essenziale di scambio e di incontro.

Negli ultimi mesi aveva raccolto le storie dei suoi studenti. Ora me le faceva riascoltare dalla loro viva voce, accompagnandoli nel racconto, sciogliendo le parole più difficili, quelle che loro non riuscivano a pronunciare. Di tutte le storie, fu proprio quella di Ali a imprimersi nelle mie orecchie.

"Ho corso fino a un fiume chiamato Mile," continuò il ragazzo a voce bassa, "e mi sono nascosto dentro la tana di un animale scavata sotto terra. Sono uscito che era notte e ho cominciato a camminare verso Jenina, dove abitano dei miei parenti. Sono arrivato di mattina, le scarpe erano tutte rotte. La sera stessa sono ripartito, sempre a piedi, per il Ciad. Lì mi sono fermato un anno in un campo profughi, e appena ho raccolto un po' di soldi sono partito per la Libia. Dal giorno dell'attacco al villaggio non ho più rivisto la mia famiglia. So che stanno in un campo profughi in Darfur, ma non posso parlare con loro neppure al telefono."

Fece ancora una pausa, fissando un cartello appeso al muro che spiegava l'uso dei verbi ausiliari. Poi cercò nuovamente i miei occhi: "Avevo ventun anni, adesso ne ho venticinque".

Oggi Ali fa il venditore ambulante a Roma e in estate va in provincia di Foggia per raccogliere i pomodori insieme ad alcuni sudanesi con cui ha stretto amicizia in Italia. Lo fa ogni anno: si mette in treno appena gli comunicano che il frutto inizia a risultare maturo per la raccolta, e per alcune settimane vive insieme ad altre migliaia di braccianti in villaggi di baracche e lamiere che prendono il nome di ghetti. Dei caporali pensa che "non sono uomini: in loro," dice, "si addensa un concentrato di cattiveria e di brama di denaro sconosciute a chi passa tutta la giornata a faticare nei campi."

Il racconto che mi fece quel giorno era preciso, eppure conteneva un enorme buco nero. Mancava qualcosa, una pagina che non voleva ricordare e che pure so essere decisiva in ogni storia di migrazione: il viaggio attraverso il Mediterraneo. Riusciva a raccontare ogni minimo dettaglio delle violenze in Darfur, ma neanche una parola sul viaggio.

Giorni dopo chiamai Marco e gli chiesi se ne sapeva qualcosa. Mi disse che, da quando lo conosceva, Ali faceva un sogno ricorrente. Certe notti la memoria si avvitava in un grumo doloroso ed esplodeva in mille immagini forsennate. L'indomani arrivava a lezione e ripeteva trafelato a quelli di cui si fidava: "Ho sognato che ero in Libia. Prendevo la barca per l'Italia e morivo in mezzo al mare".

Poco alla volta, mi disse Marco, si era aperto anche con gli altri studenti. Qualche nuova frase, qualche nuova immagine. Solo una volta, però, aveva raccontato l'intera storia nei minimi dettagli.

Arrivato a Tripoli, Ali aveva dato tutti i soldi che gli erano rimasti, mille euro, al libico che avrebbe organizzato la traversata. Così avevano formato un gruppo di trenta persone, tra cui donne e bambini, ed erano salpati nel cuore della notte. Quella che chiamavano "nave" era poco più grande di un peschereccio. Salendo sul ponte dalle assi sconnesse, si era reso conto che ormai era passato un anno e mezzo da quando aveva trovato la salvezza tra gli alberi che cingevano il suo villaggio.

Il giorno dopo, a ottanta miglia a sud di Malta, il motore era andato in avaria. Chi si era spacciato per capitano esperto e li aveva condotti per mare in realtà aveva barato: si era imbarcato solo un'altra volta come "assistente" di un traghettatore professionista. Ora non sapeva più governare l'imbarcazione, aveva fuso il motore e, per scacciare dalla vista le onde che si abbattevano sulla prua, si era ubriacato. Gli uomini, a turno, provarono ad afferrare il timone, a farlo roteare da una parte e dall'altra. Per alcuni minuti ci provò anche lui, Ali, pur avendo visto il mare per la prima volta in vita sua solo pochi giorni prima. Ma la barca non rispondeva più. Il mare era sordo ai loro richiami. Imponente, ingovernabile, incomprensibile...

Il terzo giorno l'isteria cominciò a contagiare l'equipaggio improvvisato. Abeh, un ragazzo etiope, spaccò il naso al finto capitano dopo un battibecco e, quando quello reagì dandogli del "negro", lo strinse alla gola per strozzarlo. Ci sarebbe riuscito, se gli altri non lo avessero trattenuto. "Non ce n'è bisogno," disse Suleiman, il più anziano dei darfuriani imbarcati sulla carretta, "sta' calmo, risparmia le forze... tra due giorni saremo tutti morti." Nel pomeriggio uno dei bambini perse conoscenza. Impiegarono metà dell'acqua dolce rimasta per farlo bere, gli buttarono acqua in faccia, sulle braccia, sulle gambe, sul corpo, ma non ci fu nulla da fare.

Il giorno dopo il calore cominciò ad accendere anche i corpi degli adulti. Ali sentiva seccarsi la lingua, la gola, lo stomaco, le dita dei piedi. Voleva bere, solo bere, ma l'acqua dolce era finita. Per distrarsi, provò a pensare al suo villaggio, a un angolo riparato dal sole proprio alle spalle della sua casa, ma per quanto si sforzasse non riusciva a popolare di uomini e donne il suo sogno a occhi aperti. Una strana ombra pareva avvolgere il suo passato.

Nel pomeriggio del quinto giorno cominciò ad avere freddo. Si avvolse in un lenzuolo e si appisolò. Lo svegliò il pianto di una donna piegata sul corpo della propria bambina, il marito le poggiava una mano sulla spalla tenendo gli occhi chiusi. Davanti a quella scena, Ali provò a scuotersi, a strapparsi di dosso il lenzuolo con le poche forze rimaste. Morirò qui, pensò tra sé, morirò qui... Poi cadde in un sonno profondo. Quando si risvegliò, una ragazza bionda vestita di bianco gli teneva il polso, gridando ad altri di sbrigarsi. Si sentì trascinare dalle spalle e riporre su un lettino. Solo allora si rese conto di essere a terra. Fu idratato e curato in quello che gli parve essere un piccolo ambulatorio. Ricostruendo quanto accaduto dopo la morte della bambina, capì di essere rimasto privo di sensi per due giorni. Degli uomini e delle donne partiti da Tripoli, oltre ai due bambini, erano morti in quattro. I primi due erano stati buttati in mare, gli altri nessuno aveva avuto la forza di sollevarli e, nell'ultima parte del viaggio, morti e vivi avevano condiviso lo stesso spazio angusto.

Dei due giorni in cui nessuno degli altri imbarcati avrebbe potuto dire con certezza a quale dei due gruppi apparteneva, Ali non ricordava niente. Meglio così, rimuginò, mentre si rigirava tra le lenzuola pulite.

Poco alla volta riuscì a riafferrare il suo passato, le immagini del suo villaggio, i volti dei suoi famigliari. Finalmente aveva scacciato quella strana ombra che avviluppava tutto, quando era ancora sulla nave. Eppure, per quanto ogni cosa gli apparisse più nitida, pensava a quei volti e a quegli oggetti come appartenenti a un'epoca remota. Non era solo la distanza fisica, il fatto di essere in Europa e non più in Africa. Sentì di aver oltrepassato una linea, di essersi aggrappato con le unghie a una nuova vita, rinunciando per sempre a un'altra. Solo allora comprese che il travaglio cui era stato costretto aveva definitivamente dissipato la sua giovinezza.

Una settimana dopo, gli dissero, avrebbe dovuto lasciare il letto dell'ambulatorio e andare nel centro. Era solo un numero. Un numero tra i salvati, da ricordare accanto al numero dei sommersi. Un segmento delle statistiche sui flussi. Una pratica "umanitaria" da sbrigare. Steso nel suo letto, Ali sapeva che gli italiani non avrebbero mai potuto comprendere com'è oltrepassare davvero quella linea. Farlo da soli, in mare, a ventidue anni, mentre tutto intorno appassisce.

HAMID
LE FRONTIERE CAMBIANO

Più volte, negli ultimi anni, sono tornato nella scuola di italiano per richiedenti asilo dove ho incontrato Ali. Si chiama Asinitas ed è ospitata presso la comunità cristiana di base di San Paolo fuori le mura, in via Ostiense, a sud della Piramide Cestia. La scuola occupa uno stanzone a piano terra e una stanza più piccola adiacente. Intorno a quattro o cinque tavolini, giovani e giovanissimi perlopiù africani si accalcano con penne, quaderni, fogli di carta. Con loro ci sono quattro o cinque insegnanti volontari. Li seguono negli esercizi, ascoltano le loro domande. L'ultima volta che sono stato alla scuola, Elena, una delle insegnanti, spiegava alcune parole italiane indicando un grande albero dalle foglie verdi disegnato su un cartellone appeso a una parete. Mi ha subito sorpreso l'attenzione caotica della classe: pur nel frastuono di domande, incomprensioni, risate, la lezione era seguita con interesse.

Marco, il mio amico che era stato tra i fondatori della scuola, ora si dedica ad altro: ha messo insieme un laboratorio serigrafico con alcuni ex studenti che avevano seguito le sue lezioni. Si chiama Else e, dopo aver raccolto biografie simili a quella di Ali, hanno pubblicato insieme libri coloratissimi ed estremamente curati, che mescolano testo e immagini.

Sono tornato in via Ostiense perché altre due insegnanti, Cecilia e Carolina, mi avevano detto che avrei dovuto assolutamente conoscere un ragazzo.

Avevo raccontato loro la mia idea: provare a raccogliere quante più storie riguardassero la frontiera mediterranea e il suo attraversamento, i viaggi in mare e quelli via terra, sentire chi ce l'aveva fatta, e recuperare testimonianze su quelli che non ce l'avevano fatta.

"Se continui a occuparti di naufragi," mi aveva detto una sera Cecilia, "devi assolutamente incontrare Hamid."

Tuttavia quando, qualche giorno dopo, mi aveva chiesto perché avessi deciso di intraprendere un lavoro del genere, mi era venuto naturale rispondere: "Perché le frontiere cambiano". Ed è così: le frontiere cambiano, non rimangono mai fisse. Si allarga l'Europa e mutano i punti di ingresso. Scoppiano guerre, cadono dittature, esplodono intere aree del mondo e si aprono nuovi varchi. I varchi a loro volta creano un mondo, una particolare società di confine che definisce le sue regole e i ruoli al suo interno. Sono a tutti gli effetti dei porti franchi. Ma poi anche questi mutano nel tempo, e vengono sostituiti da altri porti franchi. Basta ascoltare le storie di chi viaggia per accorgersene: le tappe battute fino a due anni prima, magari anche fino a solo sei mesi prima, diventano vecchie, e se ne cercano subito altre.

"E perché allora i naufragi?" aveva insistito Cecilia.

Forse, le avevo detto, perché i naufragi sono dei punti fermi, delle voragini da cui provare a risalire. Ma di questa risposta ero meno sicuro. In realtà avrei voluto dirle: tutti quei morti avvolti dal silenzio… Ecco: la vera risposta è il silenzio. È quello che voglio spezzare.

Hamid è un giovane somalo. Ha ventun anni e frequenta la scuola da alcuni mesi. È in Italia da quattro anni, e nei tre precedenti al suo arrivo è stato in Libia. Volevo conoscerlo assolutamente, perché è uno dei pochissimi sopravvissuti a uno dei più gravi naufragi del Mediterraneo, avvenuto il 6 maggio 2011 davanti alle coste della Libia, mentre infuriava la guerra contro Gheddafi.

Quando lo vedo avvicinarsi a me, a fine lezione, mentre gli altri ragazzi se ne vanno chi a casa chi al lavoro, penso subito che sembra molto più giovane. Magro, occhi grandi, denti bianchissimi un po' sporgenti, ha l'espressione di un bambino. È tutto vestito di jeans, in testa un berretto verde da baseball con su scritto *boy* in stampatello. Lo tiene calcato fin sopra gli occhi. Ci sediamo all'angolo di un lungo tavolo su cui sono ancora disseminati pennarelli e fogli scarabocchiati. In pochi minuti, stringendosi le mani e torturandosi le dita, mi racconta cosa è successo in quella notte di maggio. "Eravamo 750. Stavamo a bordo di una grande nave, a tre piani. Ne sono morti 650." Nei mesi precedenti al naufragio aveva lavorato come magazziniere in un'azienda alle porte di Tripoli. I libici sono così, aggiunge: aspetti in strada e quando vogliono ti danno dei lavoretti, ti portano lì, ti spiegano cosa fare e a fine giornata ti pagano. Poi, se sei bravo, puoi trovare qualcosa di più stabile.

Dal momento che non riusciva ad andare in Italia, "perché avevano chiuso il mare", aveva deciso di rimanere, di fermarsi definitivamente a un passo dall'ultima tappa, a un passo dal viaggio verso le coste italiane. Aveva imparato l'arabo ed era felice di aver trovato quel posto come magazziniere. "Pagavano novecento dinari al mese, più o meno settecento dollari all'epoca. Uno stipendio buono, anche perché lì il cibo costa poco."

Hamid era davvero intenzionato a restare in Libia, ma poi la guerra ha cambiato tutto. Insieme agli altri ragazzi della comunità somala di Tripoli, composta da chi freme nell'attesa perenne del Grande Viaggio e da chi, come lui, avrebbe scelto di rimanere sull'altra riva del Mediterraneo.

Della guerra in Libia Hamid ha una percezione soggettiva, l'unica, in fondo, che conti quando tutto intorno a te esplode e ogni punto di riferimento viene meno. La grande paura è che i ribelli e la folla inferocita che vuole la caduta del regime ti scambino per un mercenario al suo soldo proveniente dal Sud, dai paesi al di là del deserto. "Allora, se ti vedevano per strada e capivano che non eri libico, se vedevano che eri nero, ti ammazzavano. Siamo rimasti chiusi dentro le nostre case. In un mese, abbiamo comprato da mangiare una sola volta."

A un certo punto, si sparge la voce che sono gli stessi soldati libici a spingere verso l'Italia tutti i neri presenti in città. Di colpo il mare non è più chiuso, la muraglia impenetrabile si apre, mentre continuano i linciaggi per strada e dall'alto dei cieli gli aerei della Nato bombardano. Gheddafi prova a giocare la sua ultima carta: l'abbattimento delle frontiere.

Se cado io, è più o meno il suo ragionamento, cade l'ultimo baluardo a difesa della Fortezza Europa. Se cado io, sarete invasi... E così quelle stesse persone che erano state a lungo bloccate nelle carceri e nei campi di concentramento in mezzo al deserto vengono spinte a migliaia verso quelle ricche coste che Gheddafi, implicitamente, per un po' di anni, aveva promesso di proteggere.

"Sono stati loro a mandarci fuori, verso l'Italia. Il mio capo in azienda mi ha detto di provare ad andare sulla costa o verso la frontiera, al confine con la Tunisia, altrimenti non mi sarei salvato. È stato lui ad accompagnarmi vicino al mare, dove stavano tutti gli stranieri." Nel racconto di Hamid i soldati libici e i trafficanti sembrano collaborare per organizzare il viaggio, darsi una mano a vicenda. Nessuno dei migranti paga un solo dinaro per partire. Il viaggio è gratis. Mai e poi mai avrebbero potuto immaginare una cosa del genere fino a poche settimane prima: saranno portati in Italia senza doversi arrabattare per recuperare la cifra necessaria. Quando li imbarcano tutti, i trafficanti ordinano ai somali e agli afghani di andare sotto, nella stiva, ma loro si oppongono. Ne nasce un parapiglia, e alla fine i soldati desistono. Li fanno salire per ultimi, benché nel ricordo di Hamid siano tanti, circa duecentocinquanta, e li fanno alloggiare sul ponte, all'aria aperta. Nella stiva, invece, vengono ammassati in quattrocento. Sono bangladesi, arabi, africani di altri paesi…

Le donne sono una trentina, insieme ai loro bambini. Un soldato libico, visto che si lamentavano, li fa sistemare in una piccola cabina vicina a quella del capitano e intima di fare silenzio. "Loro non si sono salvate. Quando la nave è andata a fondo, la porta era chiusa. Il capitano, un egiziano, invece si è salvato."

Quando partono da Tripoli, intorno alle cinque del mattino, non fa ancora caldo.

Dopo appena venti minuti, la nave si capovolge.

"In quel momento ero al telefono con un mio amico che era stato a Tripoli con me. Mesi prima era andato in Tunisia, al confine, in un campo profughi delle Nazioni Unite, e da lì lo avevano mandato in America. Mi stava dicendo che era appena sbarcato, che era andato tutto bene… quando è entrata l'acqua nella nave."

Hamid sa nuotare e riesce a rimanere a galla. Capisce subito che deve allontanarsi velocemente dalla nave per evitare di essere risucchiato nel gorgo che il suo affondamento avrebbe presto creato. "Tutti quelli che sapevano nuotare hanno fatto così. Intorno, le persone si aggrappavano l'una all'altra, tirandosi giù."

Nel buio intravede le luci della costa. Senza perderle mai di vista, riesce ad arrivare stremato alla spiaggia. Fa due passi, respira a bocca aperta e si lascia cadere sulla sabbia.

Non fa in tempo a riprendere fiato che vede arrivare due navi libiche. Uomini in divisa, muniti di fischietto, chiedono ai pochi superstiti di aiutarli a recuperare quelli rimasti in acqua. Non c'è tempo, dicono, bisogna fare in fretta.

"Ho preso quelli che avevano il giubbotto di salvataggio e le donne che avevano i sacchetti con i vestiti per cambiarsi." Legati con lo scotch per non prendere acqua, i sacchetti di plastica che contengono i vestiti buoni, quelli da mettere una volta sbarcati in Europa, diventano come un pallone. Galleggiano, e in molti vi si aggrappano per non andare giù. "Abbiamo salvato anche una donna che aveva con sé una bambina di quaranta giorni. Aveva trovato un pezzo di legno per restare a galla."

Le operazioni di recupero durano fino alle otto del mattino. Per ore Hamid fa avanti e indietro tra la spiaggia e il luogo del disastro, a bordo della nave dei soccorsi. Quando finisce di dare il suo aiuto nella ricerca dei dispersi, può finalmente tornare a casa, cioè nella piccola abitazione dove viveva asserragliato con gli amici. Prima erano in otto, ora sono rimasti in tre. I corpi dei cinque scomparsi non vengono recuperati.

"Per tre giorni non sono uscito, mi sembrava di impazzire, rivedevo le persone in acqua che mi chiedevano aiuto. Le vedevo morire davanti ai miei occhi, mi imploravano di aiutarle, di salvarle. Ho sentito a lungo le loro voci."

Qui il racconto di Hamid procede a fatica, per giri e rimandi sempre più ampi, come se un velo celasse i suoi occhi. Bisbiglia qualcosa sul fatto di essersi subito diretto verso la spiaggia, e di essere tornato a soccorrere gli altri solo dopo, in un secondo momento.

Lo ripete ancora una volta, come se non riuscisse a darsi pace, anche a distanza di anni ("ognuno pensava per sé"). Gli chiedo se si sia mai saputo qualcosa delle cause del naufragio, se nei giorni seguenti qualcuno abbia avuto la forza o la decenza di chiarire cosa fosse accaduto. "Qualcuno ha detto che il capitano ha fatto rovesciare la nave perché se si fosse allontanata troppo dalla costa non si sarebbe salvato nessuno. Era stato costretto a partire, e allora ha deciso di fare così." Francamente, fra tutte le cause possibili di un naufragio, mai avrei potuto pensare alla scelta deliberata di andare a fondo davanti alle proprie coste, per evitare un'ecatombe ancora maggiore in mare aperto. Per quanto mi sforzi di seguire il pensiero del comandante (cosa che Hamid mi sembra riesca a fare), non ce la faccio a intravedere un barlume di logica. Tanto meno davanti a seicentocinquanta morti.

Nelle settimane successive Hamid si ritrova stretto in un imbuto. Da una parte c'è un mare finalmente aperto, ma denso di morte e di pericoli, dall'altra un paese in cui continuano le violenze e i linciaggi. Accende la televisione e su tutti i canali non fanno che ripetere che gli stranieri devono lasciare il paese, se non vogliono essere uccisi. Pensa che ci siano poche vie d'uscita, e pensa anche che, se si è salvato tra centinaia di morti e dispersi, è perché "Dio lo ha voluto", e allora decide di tentare di nuovo la sorte, di sfidare ancora una volta il mare. A Tripoli sarebbe morto, in mare forse no. Inseguendo questo assurdo calcolo delle probabilità, ritorna sulla costa battuta dai trafficanti.

Questa volta decide di non servirsi di uno dei viaggi gratis organizzati dai soldati. Paga trecento dollari, comunque molto meno di prima della guerra, e ottiene la garanzia di imbarcarsi a bordo di una nave più piccola di quella affondata.

Meno di un mese dopo è a Zohara, un villaggio sulla costa, a una cinquantina di chilometri da Tripoli. Per una settimana aspetta in una casupola costruita sulla spiaggia, che sera dopo sera si riempie di persone in attesa. Quando ne viene raccolto un numero sufficiente a salpare, una notte, all'improvviso, gli comunicano che dopo poche ore sarebbero partiti.

Questa volta il viaggio non è duro come il precedente, ma succede comunque qualcosa di imprevisto.

"Siamo partiti di notte, intorno alle due. Abbiamo navigato sotto le stelle e tutto il giorno successivo fino alle sei di pomeriggio, quando si è rotta l'elica del motore." A bordo c'è un ragazzo, un meccanico, che prova ad armeggiare con il motore, ma non ci capisce molto. "Ma poi lui, proprio lui, il meccanico, ha chiamato qualcuno a Lampedusa, e ha detto che c'erano donne e bambini a bordo. Il numero di telefono ce l'aveva dato un libico, dicendoci di usarlo solo se c'erano problemi." Immagino che il numero sia legato alla Capitaneria di porto. Dall'altro capo del telefono li tranquillizzano. Dicono di averli avvistati e di attendere, che presto sarebbero arrivati. "Abbiamo aspettato cinque ore, poi è arrivato un elicottero, ha fatto delle fotografie volteggiandoci intorno e se n'è andato. Dopo un paio d'ore sono arrivate due navi militari italiane. Si sono accostate, hanno calato un ponte e tre persone sono salite sulla nostra nave: una è andata a prua, una a poppa, una è scesa nella stiva. Ci hanno fatto trasbordare sulle navi militari, prima i bambini, poi le donne e infine gli uomini. Quando ho visto i soldati italiani, e ho riconosciuto la loro divisa, diversa da quella dei libici, ho capito di essere salvo."

Hamid rimane solo un giorno a Lampedusa, giusto il

tempo di farsi prendere le impronte digitali. L'indomani una nave militare porta lui e gli altri sul continente. Qui le loro strade si dividono, vengono smistati tra le diverse regioni italiane.

Dopo essere sbarcato a Taranto, attraversa l'Italia in corriera: prima va a Campobasso, poi a Latina, poi ad Aprilia, dove finalmente trova alloggio in un piccolo centro di accoglienza per quindici persone.

"Ci sono rimasto un anno e mezzo, fino a che non ho ricevuto il documento di rifugiato, l'asilo politico; allora mi hanno detto che, dato che avevo un documento, dovevo lasciare il centro. Mi avrebbero dato cinquecento euro se firmavo un foglio, altrimenti se non lasciavo il centro chiamavano la polizia, e mi avrebbero buttato fuori con la forza, ma senza soldi. Così ho preferito firmare e prendere i soldi. Abbiamo chiesto alla responsabile del centro di aiutarci a trovare una casa. Abbiamo affittato un appartamento ad Aprilia, siamo stati lì sette mesi, poi ho trovato un posto dove dormire nel centro di Tor Vergata, e adesso sto lì."

Sono passate ore da quando Hamid ha iniziato a parlare. Carolina è venuta a sedersi accanto a noi, ad ascoltare il suo racconto nello stanzone della scuola ormai vuoto. Dopo, l'unica cosa che riesco a chiedergli è se gli capita ancora di sognare il naufragio del maggio 2011.

"Me lo ricordo, più che sognarlo. Me lo ricordo ogni volta che sento le notizie al telegiornale di altri naufragi, di tanti morti. Quando sento qualcuno dall'Africa che dice di voler partire, di voler attraversare le stesse strade che ho attraversato io, gli dico sempre quanto è rischioso. Gli dico di non provarci, ma loro non mi ascoltano, mi dicono che sono bugiardo, che per il solo fatto di essere in Italia la mia vita è migliorata, che io ho un futuro e loro no. Non mi credono quando dico che qua è difficile arrivare, nessuno ci crede, nessuno. Partono, partono senza ascoltarti, e continueranno a farlo."

I naufragi di massa sono tutti uguali e tutti diversi. Uguali nell'angoscia della morte, nella difficoltà dei soccorsi, nella fatica di narrare mostrata dai pochi sopravvissuti, nell'impossibilità – spesso – di andare oltre, di lasciarsi alle spalle quanto è accaduto. Ma allo stesso tempo c'è qualcosa che rende unico ciascuno di questi eventi, anche quelli che non hanno avuto l'onore delle cronache.

Se c'è una cosa che ho capito in questi anni, è che ogni naufragio è un avvenimento a sé stante. Pretende di essere sottratto all'oblio, e vuole essere afferrato nella sua unicità.

Penso questo, mentre guardo Hamid calcarsi meglio il cappello sulla testa, il cappello con la scritta *boy* che non ha tolto per tutta la durata della nostra chiacchierata, e gli chiedo una cosa che mi viene in mente solo ora, ma che forse avrei dovuto chiedergli fin dall'inizio: "A che età hai lasciato la Somalia? Quanti anni avevi quando sei partito per il Grande Viaggio?".

"Tredici."

Credo di non aver capito bene, e allora glielo domando di nuovo: quanti anni avevi quando sei partito?

"Tre-di-ci anni."

Lo guardo negli occhi e credo ancora di non aver capito, per quanto questa volta abbia inteso bene le sue parole, il tredici diviso in sillabe, così come è stato abituato a fare – con le parole difficili – durante le lezioni che si tengono nello stanzone in cui siamo.

Cosa può spingere un ragazzino di tredici anni a lasciare tutto e a partire? Ogni spiegazione sulle motivazioni economiche dei viaggi o sulla ricerca di un buon lavoro, ogni considerazione sulla politica della Somalia in questi anni, sulla guerra per bande e tribù, sull'implosione di uno stato sembrano del tutto impotenti rispetto alla decisione di un tredicenne di partire.

Cosa lo spinge? Cosa lo attrae? Cosa muove questa crociata di bambini e ragazzini verso le porte dell'Europa, a lungo sognate?

Immagino che non si sia messo in viaggio da solo, che l'abbia deciso insieme ad altri.

Hamid questa volta non risponde subito. Poi dice con un filo di voce: "Sono partito con mio fratello, ma poi lui è morto durante il viaggio. Quando è successo, io mi trovavo in prigione in Libia. Mi avevano catturato in mare. Lui era più grande di tre anni".

Dopo ore che parliamo, ho come la sensazione che quanto finora raccontato, le tragedie finora riannodate l'una all'altra siano solamente un piccolo grumo di ciò che Hamid tiene celato dentro di sé.

Quanto è accaduto nella vita di Hamid prima del grande naufragio del maggio 2011 sono riuscito a ricostruirlo solo a fatica. Ho provato a mettere insieme le poche frasi lasciate trapelare quel giorno, per poi confrontarmi con Carolina e Cecilia, che nei mesi precedenti erano riuscite a capire qualcosa. Dopo anni di peregrinazioni africane, nel 2010 Hamid e il fratello, il cui nome lui non ha mai rivelato a nessuno, riescono finalmente a partire per l'Italia. Dopo due giorni di navigazione vengono raggiunti da una nave militare battente bandiera italiana. La nave grigia accosta e i militari comunicano seccamente, in un inglese misto a italiano, che li avrebbero portati in Italia. Sul peschereccio monta l'euforia, qualcuno urla, altri ridono. È fatta, pensa Hamid. Ma appena salgono sulla nave militare si accorgono che accanto agli italiani ci sono anche dei militari libici. La nave non è diretta verso l'Italia, ma verso la Libia, li sta riportando indietro. È un amico di Hamid a intuire per primo che sono stati presi in giro e a protestare. Qualche altro ragazzo si aggiunge, e allora i libici iniziano a picchiare nel mucchio, mentre gli italiani stanno a guardare senza alzare un dito davanti allo scempio che avviene su una loro nave. Nessuno ferma il pestaggio.

Al porto, Hamid e gli altri sanno che finiranno in carcere.

Per i feriti più gravi ci sono due ambulanze. E qui il fratello di Hamid ha un'idea: benché non sia tra quelli messi peggio, finge di stare male e si fa portare in ospedale. Vi rimane una sola notte. Il giorno dopo riesce a scappare, probabilmente pagando qualcuno.

Le strade dei due si dividono. Il fratello rimane a Tripoli, benché sia a tutti gli effetti un "clandestino" e debba evitare ogni minimo errore per non farsi scoprire. Hamid invece, insieme alla maggior parte di quelli riportati indietro sulla nave italiana, viene spedito in carcere. I detenuti, ricorda, erano quasi tutti eritrei o somali acciuffati nel Mediterraneo.

Vi rimane per sette mesi. In ventitré sono rinchiusi in una piccola cella, da cui non possono uscire mai. L'aria è irrespirabile, la piccola fossa per i bisogni in un angolo è perennemente intasata e con il caldo la puzza diventa insopportabile.

Le mosche ricoprono ogni cosa. Alla mattina viene distribuita una modesta razione di pane e acqua per l'intera giornata. In quei giorni uguali l'uno all'altro, Hamid capisce che per non impazzire deve tenere allenata la mente. Decide di imparare l'arabo, senza libri, parlando con gli altri, o almeno con quelli che hanno voglia di parlare con lui.

In carcere lo raggiunge la notizia della morte del fratello: qualche settimana dopo essere scappato dall'ospedale, aveva cercato di imbarcarsi nuovamente per l'Italia, ma questa volta – ancora prima di incrociare una nave della Marina italiana impegnata nei respingimenti – il peschereccio era andato a fondo e non si era salvato nessuno. Tutto questo Hamid viene a saperlo alcune settimane dopo l'accaduto, da un somalo, comune conoscente, arrestato come tutti quelli che provavano a partire in quel periodo. Quando l'uomo inizia a raccontare come il peschereccio sia andato a fondo, e a fare le condoglianze a Hamid, non sa che il ragazzo era ancora all'oscuro della sorte del fratello.

Quella piaga aperta, non rimarginata, ancora più dolorosa del grande naufragio del 2011, lui non è mai riuscito a raccontarmela. Le ultime parole del nostro dialogo alla scuola sono andate in tutt'altra direzione: la madre, che è ancora in Somalia e che chiama quando ha un po' di soldi, l'asilo politico che dura cinque anni, gli altri fratelli che sono ancora in Africa e vorrebbero partire pure loro… Hamid mi ha confidato che il suo sogno è frequentare un corso per panificatore e aprire una pizzeria da qualche parte, a Roma. Impastare la pasta, stenderla, lavorarla, condirla, infilarla nel forno a legna e poi rimanere imbambolato a guardarla mentre cuoce, cresce, si gonfia, prende vita. Quando la crosta ai bordi si annerisce, mi dice, va tirata fuori.

ABDEL
I TRAFFICANTI

Abdel è un baby-scafista. Uno di quelli, sempre più numerosi, che si collocano a metà tra i traghettati e i traghettatori, tra chi scappa e chi conduce barche e barconi per far scappare altri, spesso per conto di grossi trafficanti.

Ma Abdel è un ragazzino. Ha sedici anni, e fa il pescatore da sempre.

A differenza dei suoi coetanei della riva nord del Mediterraneo, ha le mani segnate dal sale e dalle reti, la pelle del viso indurita dal sole e dal vento. I segni della fatica cozzano con i suoi capelli lisci neri, pettinati lungo una riga ordinata sul lato destro dietro le grandi orecchie a sventola.

A differenza di altri suoi coetanei, si crede già un uomo, non ha paura del mare e delle sue insidie.

Eppure i suoi occhi, che osservano tutto voracemente, sono quelli di un adolescente cresciuto in fretta, ancora fragile davanti alle venture inaspettate. Come quella che gli capita nel novembre del 2013, a un mese di distanza dalla strage di Lampedusa.

La notte tra il 4 e il 5 novembre, Abdel si imbarca su un peschereccio insieme ad altri due ragazzini come lui. Conoscono gli uomini a bordo. Hanno già lavorato per loro, non pagano male.

Intorno è ancora buio, Abdel indossa un maglione spesso di lana scura. Mentre il peschereccio avanza, guarda la costa che si allontana e la città che dorme. Come ogni giorno da quando era bambino, andrà in mare a pescare. È il mozzo di bordo: vuota secchi, spazza il ponte con lo spazzolone, dà una mano a tirare su le reti.

Non è ancora sorto il sole, ma Abdel ha un presentimento: non sarà una battuta di pesca come tutte le altre. Il comandante dà strani ordini, sembra teso. Gli altri due ragazzini sono sorpresi come lui.

Solo quando se lo vede davanti, Abdel capisce che dovranno trainare un altro barcone, di qualche metro più piccolo del loro. A bordo ci sono centosettantasei persone. Non sono solo uomini, ci sono anche delle donne, un paio hanno il pancione. E poi i bambini, tanti bambini… Qualcuno alle spalle gli dice a mezza voce che sono siriani, altri sembrano egiziani come lui. Le due barche si avvicinano, la massa indistinta di uomini, donne e bambini lascia lo scafo trainato e sale a bordo del peschereccio più grande. Abdel li vede muoversi rapidamente, senza fare rumore.

In pochi minuti il peschereccio è ricolmo, ora avanza a fatica. La linea di galleggiamento si è visibilmente abbassata. La stiva, il ponte, la cabina sono schiacciati verso il mare nero.

Sull'altra barca, quella trainata, sono rimaste solo una cinquantina di persone.

Ora il viaggio ha davvero inizio. Abdel non lo sa ancora, ma durerà diversi giorni.

Nelle ore interminabili di navigazione in cui al sole di giorno segue il freddo della notte, le due imbarcazioni procedono in fila indiana. Tecnicamente, quella su cui è imbarcato Abdel è la "nave madre": così viene chiamata dalla Marina militare e dalle procure italiane che indagano sui trafficanti, ma è un termine che il ragazzo non ha mai sentito. L'unica cosa che riesce a capire è che durante il lungo viaggio non si pescherà. Non ci sarà alcuna battuta. Devono solo portare il "carico", come lo chiamano gli uomini dell'equipaggio, molto più a nord della zona abitualmente percorsa dai pescatori.

Intorno a sé vede donne e bambini che hanno sete. Ogni tanto versa loro un po' di acqua dalla grande tanica che hanno posizionato nella stiva. Quando lo ordina il comandante, distribuisce il pane.

Abdel non può sapere che il loro "carico" è stato già segnalato da un sommergibile della Marina italiana impegnato nella nuova operazione Mare nostrum. A bordo del sottomarino sanno bene che presto, dopo giorni di noia, avverrà un nuovo trasbordo tra le due imbarcazioni. La seconda barca, quella più piccola, verrà lasciata in alto mare, mentre la nave madre tornerà indietro, in Egitto.

E così avviene il 9 novembre, quattro giorni dopo la partenza. Appena il comandante del peschereccio si accorge di essere entrato in acque internazionali, di aver oltrepassato quella linea invisibile che taglia in due il Mediterraneo e separa le acque territoriali egiziane dalle acque di tutti e di nessuno, dà l'ordine ai suoi uomini. Il popolo variopinto che aveva riempito ogni anfratto del peschereccio risale sulla barca da cui era venuto. Il trasbordo è altrettanto rapido del precedente. Abdel vede il peschereccio svuotarsi. Ora è molto più leggero, sembra di nuovo enorme. Il comandante ordina di mollare le cime. La seconda imbarcazione, quella con i siriani a bordo, viene lasciata in alto mare.

Abdel si chiede perché, lo chiede in giro, afferra uno degli uomini a bordo per un braccio, ma questi gli risponde con un sorriso inacidito: "Tanto ci pensano gli italiani...".

Trainandoli, hanno risparmiato sul gasolio del secondo barcone. Ora possono tornarsene indietro indisturbati, tanto ai profughi ci penseranno le navi militari che pattugliano il tratto di mare appena raggiunto: le acque di tutti e di nessuno.

Quando sono ormai a una certa distanza dal barcone lasciato alla deriva, Abdel scorge in lontananza due navi grigie. Tagliano le onde a gran velocità, sono altissime. O almeno così paiono ad Abdel, che rimane imbambolato. Sono della Marina militare italiana. Una si dirige verso il barcone dei profughi. L'altra punta spedita verso di loro. Verso la nave madre.

Ciò che accade nelle ore successive è testimoniato da alcuni video girati con gli smartphone a bordo dell'unità militare che li insegue. Si tratta della fregata *Aliseo*. È lunga oltre centoventi metri, può arrivare fino a trenta nodi di velocità. Il comandante del peschereccio sa bene che non riuscirà a seminarla, eppure prova a scappare. Spinge il motore al massimo. Accosta e contraccosta. Intanto dal ponte dell'*Aliseo* i marinai imbarcati continuano l'inseguimento, tra risate e commenti in dialetto. A un certo punto si sentono chiaramente delle esplosioni. Due, tre, quattro, poi molte di più. Sono spari. Intorno c'è solo mare.

Gli eventi del pomeriggio sono stati filmati da almeno quattro smartphone diversi, i militari a bordo si sono poi scambiati i file. In seguito i video sono stati diffusi anche su YouTube dal Partito per i diritti dei militari, una piccola formazione vicina al Partito radicale che si batte per la democratizzazione delle forze armate.

Ricordo nitidamente le immagini.

Nel primo video il mare appare calmissimo, il cielo è aperto. L'orario in basso a destra indica le quattro di pomeriggio. Il peschereccio fugge verso sinistra, per evitare i colpi.

A sparare dalla nave militare italiana sono due fucilieri del Battaglione San Marco. Partono diverse raffiche. I fucilieri non sparano in aria né puntano verso l'acqua: con il loro mitragliatore MG mirano direttamente alla poppa e alla parte posteriore della fiancata destra del peschereccio, all'altezza della linea di galleggiamento. I colpi, sparati a una quarantina di metri di distanza, attraversano la stiva da una parte all'altra. Alcuni alzano schizzi di mare, altri beccano in pieno la murata azzurra. Rivedendo il video attentamente, qualcosa salta in aria, forse un pezzo di legno. In gergo li chiamano colpi debilitanti.

Dall'*Aliseo*, dicono, avevano provato a comunicare con il peschereccio tramite la radio di bordo, ordinandogli di fermarsi per un controllo. Nella plancia di comando c'era anche un interprete dall'arabo. "Non potete andare oltre," ripete l'interprete alla radio, ma dal peschereccio non arriva una sola parola. Il silenzio assoluto. È allora che dalla fregata si decide di rispondere con i colpi dell'MG.

Nel secondo filmato è ormai sera. L'inseguimento è durato a lungo. Tre ore di onde e spari, senza che il peschereccio arresti la sua corsa, senza che il copione cambi. Ora è tutto buio. Non si distingue il mare scuro dal cielo privo di stelle. Un faro illumina il peschereccio. Poi una voce urla: "Ancora fuoco con la Browning. A prora!". Si è passati a un mitragliatore più potente: la bocca del cannone della Browning è lunga oltre un metro, le esplosioni sono più nette. Il calibro è di oltre un centimetro. Partono i colpi, con un rumore secco, lasciano una scia luminosa nel buio. Due centrano in pieno la prua, ma il peschereccio non si ferma, continua la sua marcia. La voce si fa più insistente: "A poppa, sotto la poppa". Ma per sbaglio parte un colpo che arriva sul ponte posteriore del peschereccio.

La voce urla ancora: "Sotto, sotto". Intende sotto la linea di galleggiamento, sotto la linea bianca orizzontale che costeggia la murata del peschereccio e che taglia in due l'azzurro opaco. Partono tre colpi, vanno tutti a segno. Il peschereccio inizia a inclinarsi. Continua la sua marcia, ma a fatica. La voce ordina di nuovo di sparare, e chiede che sia ancora la Browning a farlo. Ora partono quattro, cinque raffiche verso la prora. Ma questa volta sembrano più imprecise: cadono in acqua, la scia luminosa si infrange contro le onde. Solo due colpi centrano il bersaglio.

Nel terzo filmato, l'ultimo, il sole è alto, il cielo sereno e l'*Aliseo* sta trainando il peschereccio. Per metà è sommerso, viene trascinato come un relitto. "Anche se le immagini non lo mostrano," mi conferma il militare, "dopo un po' è affondato del tutto, tanto che dalla fregata hanno dovuto tagliare le cime e lasciarlo sprofondare nel Mediterraneo."

Subito dopo l'ispezione, in un arco di tempo collocabile tra il secondo e il terzo video, gli scafisti sono stati portati a bordo dell'*Aliseo*. Quelli del Battaglione San Marco si sono calati sul peschereccio con i visori notturni e li hanno presi. "Erano sedici in tutto, tre erano minori. Ma minori per modo di dire, uno di sedici anni era il doppio di me."

Arrivati al porto di Catania, sono stati consegnati alla Polizia. I centosettantasei migranti della seconda imbarcazione sono stati nel frattempo soccorsi dalla nave *Stromboli*, tecnicamente un'ausiliaria impegnata a fianco dell'*Aliseo* nell'operazione Mare nostrum. Uomini, donne e bambini sono stati poi trasferiti nel Palasport di Acireale. Se si prova a moltiplicare ciò che si vede nei primi due filmati di pochi minuti per tutte le ore – almeno tre – di inseguimento, si può concludere che i colpi sparati siano stati tantissimi. Non si capisce perché quel peschereccio dovesse essere fermato a tutti i costi, sparando anche all'altezza della stiva, sebbene a bordo ci fossero solo uomini e ragazzini disarmati.

Abdel vive quelle ore interminabili nell'angusto abitacolo della nave madre. All'inizio, sentendo le esplosioni pensa che si tratti di razzi di segnalazione, o che al massimo siano spari di avvertimento. Poi sente il primo colpo sordo all'altezza della poppa. "Ci stanno sparando!" strilla uno degli adulti mentre si lancia sulle assi di legno del ponte. "Ci stanno sparando!" Prova a fare due passi, ma è atterrito dal secondo colpo e poi dal terzo, dal quarto, dal quinto. Abdel e gli altri ragazzini a bordo intuiscono subito che il comandante non si fermerà.

Abdel passa le ore successive con le mani calcate sulle orecchie, spera solo che l'inseguimento abbia fine. Pensa alla pesca, alle reti, all'infinità di pesci che in quel preciso tratto di Mediterraneo scorrono ignari sotto il peschereccio e la fregata.

E tutto gli sembra ancora più assurdo. Immagina che l'unico luogo in cui salvarsi sia giù, nella stiva. Si figura che rintanarsi lì sia il solo modo per proteggersi dai colpi, come in un guscio. L'idea salta in testa anche agli altri due mozzi, ma vengono subito bloccati dal comandante, che non perde mai la calma. "Proprio lì hanno puntato i fucili," gli dice impassibile, "vogliono farci imbarcare acqua. Vogliono farci affondare."

Allora, non potendosi rinchiudere da nessuna parte, Abdel si chiude in se stesso.

Dopo un po' non sente neanche più i rumori, le esplosioni dei colpi, il legno che si squarcia, il ferro che si apre, le pallottole che rimbalzano, quelle che si conficcano. Vede solo le scie luminose dirette contro il peschereccio, contro di loro, contro le sue gambe. Poi la stiva si riempie d'acqua, i motori si bloccano, e due o tre uomini salgono a bordo con i visori notturni calati sugli occhi. I gesti decisi, i fucili puntati, urlano qualcosa che non riesce ad afferrare. Strattonato di qua e di là, viene portato a bordo della nave più grande che abbia mai visto.

Le immagini smentiscono quanto affermato dallo stesso comandante dell'*Aliseo*, Massimiliano Siragusa, il 10 novembre 2013, al termine delle operazioni. Siragusa quella sera disse alla giornalista di un'emittente locale siciliana che si erano mossi all'inseguimento di un barcone di scafisti che, in precedenza, aveva trascinato una carretta carica di migranti verso l'Italia, per poi lasciarla in acque internazionali. Mentre la carretta veniva soccorsa dalla nave *Stromboli*, l'*Aliseo* si era avvicinata al barcone dei presunti scafisti. Fin qui tutto vero, ma poi aggiungeva brevemente che i sedici a bordo erano stati arrestati, mentre il barcone era affondato "a causa delle avverse condizioni meteorologiche".

Eppure, come dimostrano i video girati dal ponte della fregata, il mare era calmissimo, mentre è evidente che il barcone è affondato per i colpi ricevuti.

In un comunicato stampa stilato qualche mese dopo, lo Stato maggiore della Marina militare ha ammesso l'uso delle armi, quel pomeriggio di novembre, come ultima possibilità e "in maniera progressiva per costringere a interrompere la fuga e portare a termine l'arresto degli scafisti". Tanto che, continua la nota ufficiale, "soltanto dopo circa due ore d'inseguimento la nave madre interrompeva la fuga e consentiva l'ispezione da parte di un team di fucilieri di Marina".

Ma anche in questo comunicato c'è qualcosa che non torna.

Guardando i filmati e stando alle dichiarazioni di chi era a bordo dell'*Aliseo*, l'inseguimento sembra essere durato molto di più. E benché l'uso delle armi sia definito come ultima possibilità, è iniziato da subito contro gente che non ne aveva, e con una quantità impressionante di colpi.

È lecito sparare contro gente disarmata, si tratti pure di scafisti? È lecito farlo contro un equipaggio così eterogeneo come quello del peschereccio di Abdel, sedici persone, di cui tre minori, ignari del "carico" che avrebbero dovuto trasportare fino a quando non l'hanno visto salire a bordo?

Alla precisa domanda su quali siano le regole di ingaggio valide per il pattugliamento nel Mediterraneo, su cosa sia consentito fare contro le navi madre in fuga, una volta che il carico di profughi è stato mollato in alto mare, la Marina militare non ha mai dato una risposta compiuta. Eppure, è indubbio che i due fucilieri di Marina a bordo dell'*Aliseo* non stessero sparando di testa propria. Stavano eseguendo ordini precisi.

Non solo: chiunque conosca il funzionamento di una missione in alto mare sa bene che tutte le misure estreme devono essere avallate dai comandi generali di terra. Vedendo i video girati, e la naturalezza con cui i militari a bordo dell'*Aliseo* si riprendono tra loro e riprendono il bersaglio colpito, ho avuto il timore che sparare per fermare i natanti dei trafficanti sia ormai pratica diffusa.

A oltre un anno e mezzo di distanza dall'arresto di tutto l'equipaggio, Abdel è ancora a Catania. Non solo lui: anche gli altri due sedicenni a bordo del peschereccio e gli altri tre arrestati nel corso della seconda azione condotta dalla nave *Aliseo*, compreso il tredicenne.

In procura li chiamano baby-scafisti.

Sei minori su trentuno arrestati in due sole operazioni costituiscono una media elevata. Ma non sono i soli baby-scafisti arenatisi a Catania. I membri di questa stramba ciurma sono molti di più. A raccontarmi la loro storia è stata l'avvocata Flavia Cerino, che segue addirittura quindici casi presso il tribunale della città etnea. Ognuno di loro ha un passato diverso alle spalle ed è salito a bordo dei pescherecci che trasportavano profughi per un motivo differente. "Sono tutte storie a sé stanti," dice Cerino. Messe insieme contribuiscono a complicare, se non addirittura a intaccare, l'immagine dello scafista che ci siamo fatti negli anni. Quanto meno definiscono un mondo di mezzo, dai confini incerti, fra traghettati e traghettatori.

Una volta fermati, la vita dei baby-scafisti viene separata da quella degli adulti. Abdel e gli altri sono stati sparpagliati in comunità alloggio e case famiglia nei dintorni di Catania. Per loro è scattato l'istituto della messa alla prova, che consente di uscire dalle mura del carcere e di rifarsi una vita, studiando o trovandosi un lavoro. Al termine del percorso, laddove venisse mostrato un ravvedimento per ciò che si è fatto, il reato viene estinto. Se si apre uno spiraglio, i ragazzi possono anche rimanere in Italia e mantenere il permesso di soggiorno.

Il paradosso di questo percorso, che comunque offre un'alternativa concreta al carcere, è che Abdel è costretto ad assumersi delle responsabilità per fatti che ha dichiarato di non aver compiuto volontariamente. Ha sempre ribadito di essere un pescatore, e di essere cresciuto in mare fin da bambino.

Quella mattina erano davvero convinti, lui e gli altri ragazzini imbarcati, di andare a pescare. In alto mare si sono accorti che avrebbero dovuto fare "un altro lavoro", ma a quel punto non potevano più scendere, né tanto meno protestare.

In barca si eseguono gli ordini del comandante. Non si tratta solo di una legge del mare: se avessero piantato grane non sarebbero più stati richiamati al lavoro. E poi, in quei giorni di navigazione, prima che la seconda barca venisse lasciata in alto mare, Abdel si è limitato a passare dell'acqua a chi aveva sete e qualche tozzo di pane quando era ora di mangiare.

Al termine del suo periodo di prova, mi dice l'avvocato, Abdel è comunque intenzionato a tornare in Egitto. Lui e gli altri due pescatori individuati come baby-scafisti sono in costante contatto con le famiglie. A casa, vogliono solo che tornino a lavorare. Non gliene frega niente dell'Italia, non sperano affatto che vadano nel Nord Europa.

Ancora più complesse sono le biografie degli altri baby-scafisti.

Nessuno di loro dice di essere un pescatore, né di essere stato inseguito in alto mare dalla Marina, come Abdel.

Raccontano un'altra storia. Si sono imbarcati come aiutanti dei trafficanti per avere uno sconto sul prezzo della traversata, o addirittura per viaggiare gratis. A loro dell'Italia fregava eccome, invece. L'unica cosa che volevano era venirci.

In alcuni casi sono state le famiglie stesse a concordare con gli scafisti lo sconto sulla tariffa standard della traversata. Altri sono partiti da soli, senza che i genitori ne sapessero niente. Altri ancora non avevano una famiglia alle spalle. Hanno concordato direttamente con il comandante il lavoro da svolgere e sono salpati.

È addirittura accaduto che gli scafisti adulti patteggiassero la pena, inferiore ai due anni, in modo da poter tornare subito in Egitto, mentre i ragazzi sono rimasti in comunità alloggio. Sono loro l'unica parte dell'equipaggio ancora sotto il controllo della giustizia italiana.

Flavia Cerino mi conferma che tutti i quindici minori da lei assistiti sono accusati di favoreggiamento dell'immigrazione clandestina. E sappiamo che, come loro, ce ne sono molti altri nella stessa situazione.

Viene quasi da pensare che la guerra contro il traffico di esseri umani sia, in parte, una guerra contro ragazzini finiti lì per caso, e che non arriveranno mai a spartirsi la torta dei proventi.

AAMIR
LA ROTTA DEI BALCANI

Aamir è stato uno dei primi a percorrere la rotta dei Balcani.

È andato dalla Grecia in Ungheria, senza passare dall'Italia.

Subito dopo averlo conosciuto, mi ha dato un mucchio di fogli spillati e ordinati in una cartellina di plastica trasparente. Contenevano la storia del suo viaggio. L'aveva scritta dapprima in persiano e poi, con l'aiuto di un dizionario, tradotta in italiano. Aveva impiegato molto tempo. Si era cimentato con la traduzione per liberarsi da un peso che gli schiacciava il petto. Ma anche per comunicare quello che aveva vissuto "agli altri", a chi avesse avuto voglia di ascoltarlo da questa parte del mondo.

Ho passato parecchie sere a leggere e rileggere i fogli compilati da Aamir in italiano. Ho cercato di immaginare il percorso del loro autore sulle mappe geografiche, ho provato a fissare i balzi in avanti e le battute di arresto, le volte che è tornato indietro e le volte in cui ha rischiato di morire.

Benché abbia poco più di vent'anni, Aamir ha attraversato molti mondi e molte vite.

È nato in una delle tante famiglie afghane emigrate in Iran durante la guerra che ha devastato il loro paese. Quelli come lui, che appartengono alla seconda generazione di profughi, rinfacciano ai padri di aver scelto proprio quella come destinazione del loro emigrare: per loro, il contesto iraniano è divenuto presto insostenibile. Risulta insopportabile il razzismo strisciante, risultano insopportabili le forme di apartheid che regolano l'accesso all'istruzione o al mercato del lavoro. Gli afghani sono considerati cittadini di serie B, benché parlino e scrivano in persiano come gli iraniani. È stato proprio il persiano la prima lingua alla quale Aamir ha affidato i suoi ricordi.

Un giorno ha deciso di partire, insieme al suo amico Ansori. Hanno attraversato la frontiera tra Iran e Turchia, rischiando di essere acciuffati dai militari che li inseguivano sui monti. Hanno dormito per terra, in varie case lungo il percorso. Hanno mangiato quel che capitava. Tutte queste fasi si sono svolte sotto il controllo dell'organizzatore del viaggio. E sempre sotto il suo controllo sono arrivati in macchina a Smirne, sulla costa occidentale turca.

Qui il racconto si dilata, si sofferma su innumerevoli dettagli. Ha inizio l'estenuante battaglia per entrare in Europa.

L'obiettivo è arrivare a Lesbo, isola greca dell'Egeo che si trova a poca distanza dalla costa della Turchia. Per giorni, colui che Aamir continua a chiamare lungo tutta la prima parte del racconto "la guida" istruisce lui e gli altri su come affrontare il viaggio. Ormai si è creato un piccolo gruppo di profughi ragazzini.

"Ci sono delle regole da seguire," ripete in continuazione. La prima è che bisogna mettere i vestiti puliti dentro una busta di plastica, in modo che non si bagnino durante il viaggio e che possano essere utilizzati una volta sbarcati. La seconda è che, appena arrivati in Grecia, il gommone che li ha trasportati va bucato e nascosto, in modo che la polizia non lo scopra e non possa risalire a loro. La terza è ovvia: bisogna spegnere i cellulari. La quarta facilmente intuibile: appena sbarcati, è vietato fumare o usare gli accendini, la cui luce li renderebbe facilmente individuabili nel buio.

Una sera il gruppo viene sbattuto su un'auto e condotto lungo la costa turca. Lì davanti, anche se in quel momento non la vedono, c'è l'isola di Lesbo, fin dall'antichità uno dei cardini geografici e culturali della Grecia d'Oriente, crocevia di storie, leggende, liriche, guerre e amori... Ma questo, Aamir e gli altri non lo sanno: per loro si tratta semplicemente di una delle propaggini orientali dell'Europa mediterranea. La prima sera non riescono a partire: dopo aver gonfiato il gommone, si rendono conto che il motore non si accende. Si è inceppato, quindi tornano indietro. La seconda sera "la guida" prova a sostituirlo, ma anche il nuovo motore non funziona. Lui e Aamir armeggiano con il serbatoio, cercano di capire cosa non va, ma in quel momento sentono uno sparo. La polizia turca è alle loro spalle.

Due ragazzi del gruppo vengono fermati, mentre Aamir scappa a gambe levate portandosi dietro il gommone sgonfio.

Corre nei boschi, senza voltarsi. Inciampa, cade a terra, si rialza aiutandosi con le mani. Sente una fitta acuta alla caviglia, ma continua a correre. Zoppica ma non si ferma, fino a quando non capisce di essere rimasto solo. Con le mani sui fianchi, piegato in due, riprende fiato. Ma non appena recupera un po' di forze si rende conto di aver perso la busta di plastica con i vestiti buoni. Indossa solo una maglietta a maniche corte e ha un gommone sgonfio tra le mani. Non ha alternativa: se lo avvolge addosso e passa così la notte, stretto nella gomma che avrebbe dovuto portarlo in Europa.

L'indomani, resta un'ora buona sotto il sole per riscaldarsi. Poi decide di tornare a Smirne, sperando che “la guida” non sia stata arrestata. Lungo la strada un camionista si ferma e gli dà un passaggio.

A Smirne, chiama subito l’uomo che ha organizzato il viaggio. Quando sente la sua voce al telefono, capisce di essere salvo. Non è in prigione, è ancora libero. Non tutto è perduto, allora. Chiama Ansori e scopre che anche lui non è stato acciuffato dai poliziotti.

Dopo una settimana, sono di nuovo sulla costa turca per ritentare la sorte. Elusi i controlli di polizia per almeno due volte, finalmente riescono a partire. Aamir stringe tra le mani un nuovo fagotto. Nella busta di plastica ha infilato con cura degli indumenti immacolati, recuperati in città insieme ad Ansori.

È notte. Gonfiano il gommone, salgono sopra in sei o sette e lo spingono al largo con le mani. Poi accendono il motore. “La guida” non va con loro. Rimane sulla sabbia, dice solo di andare sempre dritto in mare, tanto non possono sbagliarsi. I ragazzi hanno paura, ma Aamir si fa coraggio e decide di impugnare i comandi del motore. Sarà lui a portare il gommone, benché il concetto di “sempre dritto” in mare possa essere piuttosto vago.

Dopo due ore di navigazione, in cui incrociano solo una nave che passa a poche decine di metri di distanza, le luci dell’isola si fanno sempre più nitide.

La costa è bassa, non hanno difficoltà a scendere. Aamir è l’ultimo a posare i piedi nell’acqua, spetta a lui il compito di bucare il gommone. Ma non ci riesce, la gomma è troppo resistente, non si lacera, ogni colpo inferto con un pezzo di legno appuntito rimbalza indietro. Decide allora di sgonfiarlo, ma è un’operazione troppo lenta. Attende per lunghi, interminabili minuti che l’aria sfiati dalla valvola, ma il gommone è ancora lì. L’ansia lo assale. Alla fine, l'unica soluzione per farlo affondare in fretta è buttargli sopra il motore.

È fatta, pensa. Ora può andare… Ma appena si gira per raggiungere gli altri scopre di essere a piedi nudi e di aver lasciato le scarpe sul gommone. Per giunta i vestiti, quelli buoni conservati nella nuova busta di plastica, nella fretta si sono bagnati.

È Ansori, l'amico che viaggia con lui fin dall'Iran, a salvarlo.

Per tutto il tragitto in mare si è fidato ciecamente del modo in cui Aamir ha tenuto la rotta, e ora gli dice di non preoccuparsi. Gli presta le scarpe buone che conservava nella sua busta di plastica. Aamir se le allaccia con foga e la cosa che pensa, mentre muove le prime falcate per allontanarsi dal bagnasciuga, è che sono asciutte.

Oltre la duna di sabbia sorge un paesino di cui non conoscono il nome. Decidono di passare la notte tra gli arbusti, a una certa distanza dalle prime case, per non farsi scoprire.

All'alba si mettono in marcia verso Mitilene. Percorrendo la strada che viaggia lungo la costa ci mettono due, tre ore per arrivare. L'obiettivo ora è prendere il traghetto per Atene.

Credevo fosse un passaggio difficile, che i traghetti fossero controllati. Invece, standо al racconto di Aamir, gli è bastato comprare il biglietto. Nessuno ha controllato i documenti, tutte le persone che hanno raggiunto l'isola sul gommone sono riuscite a salire sul traghetto senza alcun problema.

La traversata dell'Egeo è interminabile, ma tutto fila liscio.

Quando si accorgono di essere arrivati al Pireo, tirano un sospiro di sollievo. Appena sbarcati, lui e Ansori rimangono soli. Gli altri si dileguano, ognuno per la propria strada.

Aamir è uno che sa fiutare l'aria che tira. Arrivato a Patrasso, porto di imbarco per l'Italia, capisce che ci sono due leggi che regolano la vita degli accampamenti di tende, cartoni e lamiere intorno al porto. La prima grosso modo coincide con una delle regole formulate dalla "guida" precedente: quando vedi la polizia, devi scappare più veloce che puoi per non farti prendere. Un corollario della prima legge riguarda gli assalti razzisti. La seconda riguarda quello che viene chiamato il grande salto: devi imparare a farlo più in fretta possibile.

Aamir si esercita. Impara a buttarsi sotto i camion in movimento. Gli insegnano anche come distinguere i camion in partenza. Per esempio, quelli che trasportano arance e mandarini vanno sicuramente in Italia. Ma ogni volta che prova a saltare sopra le ruote o sotto il cassone dei camion, ci sono sempre troppi poliziotti o camionisti sospettosi che lo scoprono.

Per tre mesi non riesce a partire. In compenso vede con i propri occhi due, tre ragazzi stritolati dalle ruote dei tir.

Che fare?

Anche il suo amico Ansori non riesce a fare il grande salto. In quei giorni di impazienza e di noia, hanno stretto amicizia con due ragazzi nelle loro stesse condizioni. Vivono nella stessa baracca, scendono insieme verso il porto. Visto il fallimento di ogni tentativo, l'assillo diventa un altro: cercare una strada alternativa.

Decidono di raggiungere l'Europa centrale via terra. È inutile aspettare un imbarco sui traghetti che forse non arriverà mai. Meglio andare verso nord. Attraverso i Balcani.

Aamir non ricorda più a chi per primo sia venuta l'idea, ma nel momento in cui qualcuno l'ha formulata nel chiuso della baracca, gli altri l'hanno immediatamente afferrata e fatta propria. Elettrizzati, si convincono della fattibilità di quella stramba soluzione.

Nessuno finora ha mai tentato quella strada da solo, senza l'aiuto di guide e trafficanti, di certo non dei ragazzi minorenni che non conoscono la regione.

Non ne parlano con nessuno, nessun altro deve venirne a conoscenza all'infuori del loro piccolo gruppo.

I Balcani diventano un chiodo fisso. Eppure i quattro ragazzi non sanno niente dei paesi che devono attraversare, di quali lingue si parlano, di quali leggi governano la loro vita e soprattutto delle politiche migratorie. Non sanno niente delle ferite lasciate dalla guerra degli anni novanta, in cui la Jugoslavia si è dissolta e i numerosi popoli che la abitavano si sono scontrati e massacrati a vicenda. Non sanno niente dei monti che incontreranno, né del clima che accompagnerà il loro viaggio. Ma facendosi coraggio a vicenda, con l'innocenza e l'incoscienza degli imberbi, decidono di partire ugualmente.

Per una settimana studiano il percorso su Google Maps, accalcati intorno al monitor di un vecchio computer in un internet point di Patrasso. Studiano le mappe e le foto satellitari.

Guardano da vicino le strade, le montagne, i piccoli villaggi che dovranno attraversare.

Aamir stampa pagine e pagine e se le infila nella tasca dei pantaloni.

Quando si sentono pronti, prendono una corriera per Salonicco. Da lì inizierà il vero viaggio. Aamir ha le idee chiare: viaggeranno in corriera o in taxi da frontiera a frontiera, dividendosi le spese. Una volta arrivati a pochi chilometri dal confine, proseguiranno a piedi. E a piedi, da soli, proveranno ogni volta a varcare il confine eludendo i possibili controlli.

Così fanno. Dopo aver comprato vestiti più pesanti e un po' di cibo in scatola, si fanno portare al confine tra la Grecia e la Macedonia, lungo la strada E75 che da Salonicco taglia verso nord. Come stabilito, si fanno lasciare poco prima del confine per poi procedere a piedi. Camminano tutta la notte. Entrano in Macedonia in un punto della frontiera non controllato, in aperta campagna, e al mattino raggiungono il piccolo paese di Bogoroditsa. Tutto è stato relativamente facile, il confine macedone era solo un campo disabitato.

Qui trovano un tassista disposto a portarli verso nord. Il viaggio dura sei ore, attraversano il paese da un capo all'altro. La strada è tortuosa, costeggia i monti. A volte la macchina deve procedere molto lentamente e Aamir si imbambola a guardare quelle pareti di roccia coperte da boschi.

Arrivati a Skopje, la capitale, decidono di proseguire subito oltre: hanno fretta di arrivare al confine con la Serbia. In quattro danno al tassista centosettanta euro, più o meno quanto un operaio macedone guadagna in un mese, e si fanno portare nel punto che hanno segnato sulla loro mappa. Il conducente non fa nessuna domanda, anche se ha capito che non sono del posto e che probabilmente sono dei migranti irregolari.

Anzi, è proprio lui a consigliare loro di andare verso Kumanovo, così che possano procedere spediti in direzione del confine serbo. Vengono lasciati a pochi chilometri da lì e decidono di proseguire a piedi, cercando un varco lontano dalla dogana. Ma questa volta è tutto più difficile. Capiscono immediatamente che con la polizia serba non si scherza. Per due volte riescono a entrare e per due volte vengono rispediti indietro. Allora decidono di aspettare che scenda la notte, nella speranza che i poliziotti in quel buio pesto siano presi dal sonno. Al terzo tentativo riescono a passare.

Continuano a marciare, ma sono sopraffatti dalla stanchezza e dal freddo. La mappa dice che dovrebbero raggiungere una piccola città che si chiama Čukarka, ma dell'abitato non c'è traccia. Sembra evaporata nel nulla, e per la prima volta hanno il timore che Google Maps possa tradirli, che tra il mondo reale e la sua rappresentazione in rete possa esserci un'abissale differenza.

Decidono di fermarsi per la notte, hanno una sola coperta in quattro. Non vogliono addormentarsi con il freddo, temono di non rialzarsi più, si tengono svegli raccontandosi storie e stringendosi sotto l'unico panno di lana. Aprono del cibo in scatola e se lo dividono.

Aamir non dimenticherà più quella notte in un paese sconosciuto, alle porte di una città scomparsa. Appena iniziano a riscaldarsi sotto i raggi del sole, capiscono che qualcosa è cambiato.

Bevono l'acqua di un torrente e si dividono il pane che hanno portato con sé.

Vagabondano per un altro giorno, e alla fine Čukarka appare e, dopo di lei, un'altra città di cui non afferrano il nome. Da lì prendono una corriera per la capitale. Solo dopo verranno a sapere che la zona in cui hanno passato la notte all'addiaccio è popolata dai lupi.

A questo punto Aamir scrive nel suo diario:

Io e Ansori parlavamo di quando stavamo in Iran e di dove saremmo andati. Ansori avrebbe voluto andare in Svizzera, mentre io in Olanda o in Norvegia.

Ansori disse: "Penso che questa parte del viaggio è la più rilassante".

"Perché?"

"Stiamo nell'autobus a parlare."

Dopo capii che aveva ragione. Le sue parole mi rimasero in mente.

A Belgrado, appena scesi dalla corriera, vengono fermati dalla polizia e sbattuti in carcere. Quando i poliziotti capiscono che sono davvero minori come dicono di essere, li trasferiscono prima in un carcere minorile e poi, per un paio di mesi, in una casa famiglia al confine con la Bosnia. Aamir resta in Serbia insieme agli altri per cinque mesi, ma è un tempo che gli scivola addosso, senza lasciare traccia. Il suo unico obiettivo è proseguire il viaggio; nei confronti della Bosnia, che reputa un semplice incidente di percorso, non nutre la minima curiosità.

Una volta usciti dalla casa famiglia con una sorta di foglio di via, puntano subito verso nord. Sono partiti dalla Grecia a fine ottobre. Quando decidono di mettersi in marcia verso la Vojvodina, nel nord della Serbia, è ormai primavera. Le temperature sono meno rigide. In tutto questo tempo Aamir ha conservato come una reliquia le mappe stampate all'internet point di Patrasso. Si sono sgualcite, ma sono ancora chiare. Chiari i percorsi da seguire, chiari i nomi delle città. Sull'ultima mappa c'è una città serba cerchiata con la penna: Subotica. A pochi chilometri c'è l'Ungheria e, con essa, la possibilità di entrare nell'Unione europea.

Questa volta impiegano tre giorni per passare il confine. Il lato serbo è abbastanza controllato. Di giorno dormono e di notte provano ad attraversarlo, come predatori in attesa dell'attimo giusto. Ormai hanno appreso che è tutta una questione di attimi, di pochi secondi al termine di ore di devastante attesa.

Anche in questo caso riescono a varcare la soglia tra ciò che è già Unione e ciò che ancora non lo è in un punto imprecisato in aperta campagna, poco distante dal luogo stabilito. Aamir percorre gli ultimi metri a occhi chiusi. È talmente stanco da procedere come in un sogno. Non parla con gli altri, percepisce appena i loro respiri. Il suo passo è soffice, la strada tranquilla.

Pensano di avercela fatta, ma appena entrati in territorio ungherese vengono fermati dalla polizia e mandati in un centro per rifugiati.

Ancora una volta alla centrale pensano che siano maggiorenni: non possono essere stati dei minori ad aver fatto il viaggio che loro giurano di aver intrapreso. Non riescono a convincerli del contrario, e per questo vengono spediti assieme agli adulti nel centro di accoglienza di Debrecen.

Rimangono lì sette mesi. Non era certo questa la meta finale dei loro sogni, ma per il momento sono costretti a fermarsi qui. Devono fornire le impronte digitali. Per Aamir e Ansori è la prima volta, ma la polizia scopre che a uno degli altri due ragazzi erano già state prese in Grecia, quindi viene rispedito indietro.

Il gruppo che ha attraversato indenne i Balcani, sfidando la sorte, la paura, il freddo, le trappole, le dogane, i poliziotti, i confini, i lupi e i monti inizia a sfaldarsi.

Usciti dal centro, i tre rimasti provano a trasferirsi in Austria, ma solo uno riesce a raggiungere uno zio che vive a Salisburgo. Aamir e Ansori devono tornare in Ungheria.

Ansori decide di fermarsi, non ne può più di continuare a girare come una trottola. Aamir no: non si fida dell'Ungheria, il paese in cui hanno lasciato le impronte.

Così, dopo mesi di condivisione assoluta, le strade dei due amici partiti insieme dall'Iran si dividono, e mi sorprende che Aamir non dedichi alla separazione più di qualche riga del suo diario.

Decide di venire in Italia.

Pensa che sia un paese più tollerante di quelli del Nord Europa, l'unico che non lo rispedirà indietro.

Una sera d'inverno saluta l'amico che a Lesbo gli aveva regalato un paio di scarpe asciutte, stringe le sue mani fra le proprie un'ultima volta e si dirige verso la stazione. Tenta di nuovo la fortuna. Ma per la prima volta è davvero solo.

Leggendo i fogli che mi ha dato Amir ho sospettato più volte che avesse ingigantito alcuni fatti e ne avesse omessi altri. Spesso il passaggio della frontiera risultava troppo facile. Una volta ho anche immaginato che mi stesse prendendo in giro.

Eppure, le tracce da lui lasciate sui computer dell'ufficio immigrazione dicono che è arrivato davvero in Ungheria dalla Serbia. E poi in Italia dall'Ungheria. E che per fare tutto questo non poteva che aver attraversato i Balcani in un modo in cui forse nessuno aveva pensato di fare prima di lui e del suo piccolo gruppo di amici.

In tutto, per quel viaggio autogestito, pieno di intoppi e andirivieni, durato parecchi mesi, ha speso due-trecento euro. Non di più. Una cifra irrisoria se confrontata con quanto abitualmente prende un trafficante per i suoi servigi, specie se si tratta di attraversare il mare.

È probabile che Aamir non abbia davvero pagato nessuno per il suo viaggio nei Balcani studiato sul monitor di un vecchio computer in un internet point di Patrasso. In fondo, nel suo racconto menziona tutte le guide precedenti, per cui per quale motivo avrebbe dovuto celare la presenza di un eventuale intermediario in Macedonia o in Serbia?

Dopo il suo viaggio, le tratte balcaniche sono finite sotto il controllo dei trafficanti. Oggi, le guide si fanno pagare dai tre ai quattromila euro a persona per trasportare chi fugge verso l'Ungheria. È un percorso relativamente facile se fatto insieme a un *passeur*, ma rischioso, perché se si viene scoperti in Ungheria e si lasciano lì le impronte, si è costretti a rimanere in un paese in cui il razzismo contro gli stranieri sta diventando sempre più feroce.

Se Aamir è riuscito a venire in Italia, e poi a stabilirsi a Roma dove infine l'ho incontrato, è solo perché ha potuto dimostrare che era ancora minorenne, al contrario di quanto sostenevano a Debrecen. Gli avvocati che si sono occupati del suo caso hanno inoltrato una nuova domanda d'asilo che, trattandosi di un minore non accompagnato, è andata a buon fine.

Nel 2015 il flusso lungo la nuova rotta si è fatto imponente. Mese dopo mese, agli afghani che hanno voluto aggirare le secche nel porto di Patrasso si sono aggiunte le famiglie siriane in fuga dalla guerra. Anche queste, progressivamente, hanno preferito il percorso di terra ai viaggi rischiosi sui grandi cargo dalla Turchia o sui pescherecci dall'Egitto. Così almeno quattromila persone ogni settimana hanno seguito le orme di Aamir e Ansori. Hanno attraversato la Macedonia e la Serbia, i boschi e le vallate, provando a entrare in Ungheria, tanto che il governo di Budapest ha deciso di costruire il proprio muro di filo spinato per arginare l'arrivo di nuovi profughi.

Seconda parte

LAMPEDUSA, 3 OTTOBRE 2013

OTTOCENTO METRI

Il 3 ottobre 2013 al largo di Lampedusa è avvenuto un terribile naufragio. Ma il viaggio delle persone che erano a bordo di quella imbarcazione ha avuto inizio molto prima.

Appena approdati in Libia, dopo un lungo peregrinare iniziato nel cuore del Corno d'Africa, i futuri naufraghi sono stati lasciati in pieno deserto dai sudanesi che li avevano portati fin lì. Solo dopo alcune ore sono arrivati i trafficanti libici che li avrebbero condotti fino alla costa. Da lì in poi il viaggio è stato duro.

I libici vanno molto veloci, corrono come pazzi su strade accidentate, e non è raro che il carico umano che riempie fino all'inverosimile i pick-up si cappotti. Spesso avvengono incidenti gravissimi. Quando un carico si ribalta, quelli che si salvano vengono trasferiti su un altro pick-up già pieno. Così si continua la marcia, magari in cinquanta su un unico mezzo di trasporto. E gli altri? Alcuni raccontano di persone cui si è rotta una gamba che sono state lasciate lungo la strada. Chi rimane ferito, o comunque è troppo debole per proseguire il viaggio, viene abbandonato nel deserto.

Di notte in notte gli uomini vengono spostati in luoghi sempre diversi, trasferiti di continuo da un cortile all'altro. Non sarebbero in grado di indicare le targhe dei pick-up, né saprebbero riconoscere i luoghi in cui vengono portati.

È tutto molto confuso. Viaggiano sotto le stelle, e di giorno rimangono rinchiusi.

Nel tragitto il gruppo si infoltisce, si aggiungono uomini, donne e bambini, fino a quando non vengono portati tutti insieme vicino a Tripoli e vengono rinchiusi in una specie di villa. Alcuni parlano di un grande giardino, altri di un prato: un pezzo di terreno coperto dal verde, circondato da un muro e riparato dallo sguardo dei passanti. Il gruppo conta ormai cinquecento persone. Rimangono lì per oltre un mese. Non possono uscire, non hanno alcuno scambio con il mondo esterno. Così i rapporti fra tutti loro si rinsaldano. Per lo più vengono dalle stesse zone dell'Eritrea occidentale, molti si conoscono di vista o di nome, quel tanto che basta per riuscire a ricostruire parentele e genealogie.

Nessuno dice loro quando partiranno per Lampedusa: il viaggio cui ambiscono è un'entità astratta di cui non si deve parlare. I nuovi guardiani del giardino non aprono bocca. Girano armati e, al minimo segno di protesta, o quando viene formulata una domanda appena più pressante, bastonano con la solerzia delle guardie che sono lì a eseguire ordini. I giorni si susseguono uguali, nella paura costante di essere visti da quel che rimane della polizia libica dopo la caduta del regime di Gheddafi e l'entrata del paese in uno stato di caos.

Poi, all'improvviso, una sera viene annunciato che dovranno partire di lì a poco. In gruppi, vengono portati sulla spiaggia e attendono l'arrivo della nave.

È buio, si avverte l'umidità del mare.

Si guardano in faccia tra loro, alcuni parlottano. Non sanno dove andranno, se a Lampedusa o da qualche altra parte in Sicilia; in fondo non sanno nemmeno che differenza c'è tra Lampedusa e la Sicilia. Ognuno riferisce ciò che ha sentito dire, alzando una nuvola di parole, ma quando vedono l'imbarcazione al largo la prima cosa che si chiedono è come farà a contenerli tutti. Arrivano i primi gommoni e iniziano a trasportarli a bordo, in gruppi di venti persone alla volta. Vengono caricati tutti e cinquecento, poi una quarantina di loro viene fatta scendere perché il carico è troppo pesante: "Tornate al giardino, per voi non c'è posto...". Ma gli altri rimangono a bordo. Vengono ammassati nella stiva, sul ponte, in ogni minimo pertugio rimasto libero, in un pericolosissimo gioco di equilibri: per tutto il tempo del viaggio viene ribadito di fare attenzione al bilanciamento dei pesi. Chi sta a poppa non deve andare a prua e chi sta a prua non deve andare a poppa, sennò la barca affonda.

A comporre la nave e il suo carico come fosse un mosaico è un tale di nome Ermias, un trafficante etiope che vive a Tripoli e controlla personalmente l'ultimo tratto del viaggio. Tutti, nei racconti che seguiranno, ne ricordano il volto e il nome.

Partono alle undici e mezzo di sera. Alle quattro del mattino sono già al largo dell'isola di Lampedusa. A bordo si sparge la voce che verranno a prenderli due o tre imbarcazioni.

Il capitano della nave è un tunisino dalla pelle chiara, ed è accompagnato da un ragazzino. Se l'uomo ha modi da duro, tipici di chi sta portando a termine con indifferenza una pratica ordinaria, trasportare il proprio carico da una parte all'altra del Mediterraneo, il ragazzino sembra più gentile.

Lampedusa è sempre più vicina, ormai sono a ottocento metri dalla piccola isola dei Conigli, separata da Lampedusa da un breve tratto di mare. L'Europa è lì, a portata di mano. Presto saranno accolti, pensano, e allora decidono di cambiare indumenti. Mettono da parte gli stracci che hanno indossato fino ad allora e si vestono con gli abiti migliori che hanno conservato con cura in tutti i mesi del viaggio.

Buttano in mare i cellulari, perché così il capitano ordina loro di fare, e aspettano fiduciosi l'approdo.

Il peschereccio si ferma, i ragazzi a bordo mormorano, si mordono le labbra, si danno pacche sulle spalle, mentre in lontananza vedono una luce che si avvicina. Vengono a salvarci. Sembra una nave, non un semplice peschereccio come quello su cui sono stipati, ma un'imbarcazione più grande, illuminata da cima a fondo.

Non riescono a intravedere la bandiera né il nome. Sono al buio e la nave è avvolta in un fascio di luce irreale. In quel momento pensano solo che siano venuti a prenderli. Alzano le braccia, urlano, cantano, imprecano, chiedono aiuto, ma il gigante di luce si rivela indifferente. La nave non accosta, passa accanto, forse addirittura gira loro intorno, e poi si allontana. La stessa cosa si ripete con un'altra imbarcazione. Anche questa è molto grande, non è un peschereccio. Anche di questa non riescono a capire la bandiera. Le loro urla rimangono di nuovo inascoltate.

Sul piccolo peschereccio monta l'agitazione, si accendono le discussioni, si inseguono le ipotesi più svariate. Ed è in quel momento che nella stiva si accorgono che stanno imbarcando acqua.

I piedi sono sommersi dall'acqua fredda e le urla si fanno più forti.

Per sedare il panico, e per lanciare un segnale nel buio pesto, il capitano dalla faccia da duro dà fuoco a una coperta e la agita in aria. Ma ottiene l'effetto contrario: scatena la tragedia. Non è che si sviluppi un vero e proprio incendio, diranno poi i superstiti. Il problema è che le persone ammassate a poppa, vedendo la vampata, si spostano in massa verso prua. Il bilanciamento cui sono stati attenti per tutta la durata del viaggio si altera di colpo e il peschereccio si capovolge.

Tutto avviene con grande rapidità, nessuno ha il tempo di accorgersi di quello che sta accadendo: in mezzo minuto tantissime persone sono in acqua e altrettante stanno morendo nella stiva.

A bordo ci sono parecchi quintali di gasolio. Nessuno sa perché siano così tanti. Forse la spiegazione più semplice è che gli organizzatori del viaggio hanno voluto essere sicuri di non fermarsi in mezzo al mare, come capita a molte carrette. Quello che portano è un "carico" importante, del valore di seicentomila euro, considerando il prezzo pagato da ogni migrante, e deve arrivare a destinazione. Costi quel che costi, deve arrivare…

Il carburante non va a fuoco, ma si rovescia in mare. Crea un lago d'olio, mescolandosi all'acqua. Impregna ogni cosa, stordisce chi annaspa con il suo odore acre. Solo alcuni riescono a mantenersi a galla raggiungendo le assi di legno che si sono staccate, ma quelle piccole zattere improvvisate sono insufficienti a tenere a galla tutti quelli che provano ad aggrapparsi. I più stanchi si lasciano risucchiare dal Mediterraneo.

Alcuni provano a raggiungere le luci che vedono in lontananza. Molti non sanno nuotare, e tutti sono stremati dalla fame: da mesi mangiano solo un tozzo di pane al mattino e uno alla sera, un po' di minestra e dell'acqua. Ma qualcuno riesce ad arrivare a nuoto da solo fino alla spiaggia. Tutti ricordano un grande freddo.

I sopravvissuti ricorderanno anche il nome di un pescatore, Costantino. È lui a tirarne su tanti. Sporgendosi a mezzo busto dalla sua barca, vede un groviglio di braccia e mani che si tendono verso di lui. L'olio mischiato all'acqua rende la presa scivolosa, tirare su i corpi è un'impresa titanica, ma lui non si arrende e ne prende più che può, salvando molte vite.

FANTASMI COLONIALI

Yvan Sagnet, camerunense, vive in Italia da una decina d'anni. Sta scrivendo un libro, e io lo rivedo insieme a lui. Un pomeriggio, accovacciati davanti ai nostri appunti, Yvan mi ricorda il celebre discorso pronunciato da Patrice Lumumba, da poco primo ministro della Repubblica democratica del Congo, il giorno in cui il suo paese ottenne l'indipendenza. Era il 30 giugno 1960 e Lumumba disse: "Chi potrà mai dimenticare che a un nero ci si rivolgeva con il *tu*, non perché fosse un amico, ma perché il *voi* era riservato solo ai bianchi?".

Poi Yvan commenta: "I viaggi dei migranti sono una conseguenza del colonialismo italiano, anche se è finito molto tempo fa".

"Perché?" gli chiedo.

"Perché a differenza dell'Africa occidentale, dove c'erano i tedeschi e i francesi, gli italiani non hanno lasciato uno stato. Alla base delle tragedie del Corno d'Africa c'è il vuoto istituzionale creato in Somalia o in Eritrea. La decolonizzazione distorta, le nuove dittature, l'integralismo, l'emigrazione di massa nascono da qui."

La decolonizzazione si è nutrita di questi simboli che oggi vengono illuminati da una nuova luce. Eppure, visto dalla riva nord del Mediterraneo, il colonialismo è un mostro riposto con cura nello sgabuzzino. Ancora più degli altri, quello italiano è stato rimosso. Rimane un oggetto sconosciuto, sebbene quelle che un tempo furono le "nostre" colonie tornino a parlarcene, riempiendo di ragazzi e ragazze i barconi che solcano il Mediterraneo.

La dimenticanza dell'Africa orientale italiana, del colonialismo e dei crimini del fascismo, dei massacri perpetrati in Somalia, Etiopia ed Eritrea, oltre che in Libia, è alla base del mito posticcio degli "italiani brava gente". Come se gli italiani, a differenza degli altri popoli occidentali, non si fossero mai macchiati di efferatezze, stragi, torture...

Il paradosso è che la rimozione del passato coloniale riguarda proprio quelle aree che a un certo punto hanno cominciato a rovesciare i propri figli verso l'Occidente. I luoghi di partenza di molti viaggi della speranza sono stati un tempo cantati ed esaltati come suolo italiano, sulle cui zolle far sorgere un nuovo impero.

Il legame tra Roma e l'Eritrea, tra l'Italia e l'Eritrea nasce molto prima della strage del 3 ottobre 2013. Ma pochi, nel frastuono di parole e immagini, interviste e notizie, sottolineano il nesso tra ieri e oggi, tra ex colonie e immigrazione recente, tra i mille volti dell'Africa italiana, di ciò che si pensava e raccontava come Africa italiana e che in parte serba ancora il ricordo del passaggio dei colonizzatori, e i figli della lunga stagione del post-colonialismo.

IL GRADO ZERO DELLA VIOLENZA

Don Mussie Zerai, un prete cattolico che ha lasciato l'Eritrea più di vent'anni fa, è un punto di riferimento per eritrei, somali, etiopi che partono dal Corno d'Africa e cercano di raggiungere l'Italia dalla Libia sui barconi.

Don Mussie è un'antenna sensibilissima delle continue e repentine trasformazioni dei flussi migratori. Il suo numero di telefono è scritto sui muri delle prigioni libiche, nei capannoni dei trafficanti, sulle pareti dei cassoni dei camion che attraversano in lungo e in largo il deserto. Accanto, nelle lingue più svariate, il suggerimento di chiamarlo in caso di problemi.

Quando ho sentito per la prima volta la storia del numero di telefono scritto sulle pareti di mezza Africa e memorizzato su un numero indefinito di cellulari in viaggio, ho pensato fosse un'esagerazione, una delle tante leggende che fioriscono in mezzo al disastro, al margine di viaggi finiti in un vicolo cieco. Invece, col tempo, ho toccato con mano che era una storia vera. Don Mussie viene chiamato da gente appena sbarcata, o da chi si trova in mezzo al deserto o nel fondo di una prigione e decide di giocarsi in questo modo i propri contatti con il mondo esterno. Si calcola che, dal 2003, migliaia di persone siano state salvate a bordo di barconi alla deriva per il semplice fatto che qualcuno dei migranti imbarcati aveva con sé il numero di don Mussie. Quando lo chiamano, avvisa subito la Guardia costiera. E i barconi vengono intercettati prima di rovesciarsi.

Don Mussie accorre a Lampedusa dopo il naufragio del 3 ottobre e segue tutte le fasi successive, fino al trasferimento delle bare sulla terraferma.

Per il suo lavoro, don Mussie non piace a molti, in Italia e in Eritrea: è spesso oggetto di minacce ed essere additato come suo amico è fonte di rogne per molti eritrei della diaspora. Per questo motivo ora abita in Svizzera. Torna spesso a Roma, per occuparsi dell'Italia, ma non ci vive più. Lo incontro a Città del Vaticano, dove risiede quando torna nel nostro paese, perché voglio che mi racconti dei sequestri nel deserto del Sinai, di cui si è occupato e che ha denunciato.

"I primi a parlarmi dei rapimenti in Sinai," dice, "sono stati duecentocinquanta ragazzi libici respinti dall'Italia nel 2010. Cercavano altre vie e allora alcuni trafficanti hanno proposto loro la possibilità di emigrare in Israele. Si sono detti: se non possiamo entrare in Europa, almeno possiamo provare a raggiungere Israele. Ma arrivati nel deserto sono stati sequestrati."

Sono migliaia le vittime di questo gorgo di angherie e soprusi. Come tanti, come me quando ne ho letto per la prima volta, anche Zerai sulle prime ha pensato che i ragazzi che sentiva urlare e piangere al telefono stessero esagerando. Invece era tutto vero. Presto don Mussie capisce che quanto accade in Sinai rasenta il grado zero della violenza, perché avviene all'oscuro di tutti.

Negli ultimi anni, si è creato un indotto dei sequestri nella penisola alle porte di Israele. Le prime vittime sono i respinti da Israele o coloro i quali, provenendo dal Corno d'Africa, provano a entrarvi. Davanti al muro eretto dalle politiche di respingimento dello stato israeliano, vengono catturati dalle bande criminali locali che adottano su larga scala un meccanismo semplice: chiamare i loro famigliari, in particolare i parenti già in Europa, e chiedere un riscatto. Quasi sempre si tratta degli stessi trafficanti che in passato li hanno fatti entrare in Israele. Sono loro i signori del nuovo traffico. Hanno capito che il flusso di ingresso si sta riducendo a seguito delle nuove politiche restrittive del paese, con conseguente diminuzione del loro guadagno, e hanno pensato di trarre profitto dalla nuova situazione.

Via via il metodo si affina. In poco tempo, almeno trentamila persone finiscono nella rete di quella tratta, il cui giro di soldi è enorme.

Ma perché proprio il Sinai?

"Sono i percorsi dei beduini," mi spiega don Mussie, disponendo alcune fotografie sul tavolo. "Prima facevano avanti e indietro con armi e droga, adesso con le persone. I loro camion sono carichi di merci di ogni tipo, sotto la mercanzia vengono sistemate delle tavole di legno, e sotto le tavole vengono stipate le persone. Ai controlli viene esaminata la merce, ma la polizia non smonta il carico per controllare cosa ci sia sotto, e se qualcuno vuole proprio controllare gli danno dei soldi perché chiuda un occhio."

LE PAROLE DEL PAPA

Tengo a mente le parole che papa Francesco ha pronunciato l'8 luglio a Lampedusa, nel corso del primo viaggio apostolico del suo pontificato.

Allora Bergoglio si recò sull'isola a piangere i migranti scomparsi in tutti i viaggi finiti male, in tutti i naufragi che hanno fatto del Mediterraneo un grande cimitero, celebrando messa nel piccolo campo sportivo dell'isola. Per costruire l'altare erano stati montati insieme i resti di uno dei tanti barconi approdati sulla costa, e da lì il papa pronunciò una delle omelie più belle del suo pontificato.

Per lui, l'uomo riverso sul ciglio della strada non è una metafora. È proprio lì, sotto i nostri occhi. La violenza che ha patito è davanti a noi, ma noi non riusciamo a guardare quel corpo riverso sul ciglio della strada: lo releghiamo in un angolo della nostra mente, e lì lo seppelliamo. In fondo, ci siamo talmente abituati alla sofferenza da avere anestetizzato le stesse parole del papa.

Quel giorno Bergoglio non ha parlato dei flussi migratori né delle leggi che dovrebbero regolarli. In un certo senso, non ha parlato neanche degli sbarchi. Ha parlato delle persone. Degli uomini, delle donne, dei bambini morti in mare. Di quelli che non ce l'hanno fatta ad arrivare. Delle decine di migliaia di vite spezzate che nessuno vuole nominare, ricordare, ricostruire.

Prima di lui nessun pontefice era mai stato a Lampedusa, quello scoglio sperduto in mezzo al Mediterraneo.

Tre mesi dopo la messa celebrata nel campo sportivo, più di trecentosessanta persone sono morte nel grande naufragio a poche centinaia di metri dall'isola.

A UN ANNO DALLA STRAGE

Appena arrivato a Lampedusa vedo il cimitero delle barche.

Visto dall'alto, dalla strada che si inerpica verso il centro del paese, sembra un ammasso confuso di colori, ferraglia, pezzi di legno. Gli scafi sono accatastati gli uni sugli altri, si fondono in un'unica indistinta discarica a cielo aperto. Il colore prevalente è l'azzurro, come il cielo, come le onde che si infrangono sulla costa. Qui sono concentrati gli ultimi scarti dei viaggi dei migranti, i vecchi relitti, quella che in molte città del Mediterraneo chiamano "la schiuma del mare".

Il cimitero delle barche sorge a pochi metri dal porto, accanto ci sono due palme spelacchiate e una bancarella. Sotto il tetto di alluminio due uomini vendono frutta, verdura e bibite. Di fronte sono ormeggiate le imbarcazioni dei pescatori, che ogni mattina lasciano l'isola prima dell'alba.

Mi avvicino al cimitero per guardare meglio quell'ammasso confuso. Alcune barche sono qui da anni, da quando si è deciso di accatastarle per impedire che tornassero in mano agli scafisti. Sotto il sole che fa odorare ogni cosa di umido e di salmastro, distinguo le sigle, le scritte in arabo, i disegni.

Arrivo a Lampedusa a un anno esatto dal naufragio del

3 ottobre 2013, per seguirne la commemorazione. Già in aereo incontro alcuni dei ragazzi sopravvissuti alla strage: vengono dalla Norvegia e dalla Svezia, hanno poco più di vent'anni, si sono fermati una notte a Roma e hanno preso il mio stesso volo per Palermo. Il loro viaggio è stato pagato da una rete di associazioni. Per arrivare a Lampedusa non c'è un volo diretto: da Palermo mi imbarco su un piccolo aereo delle Poste italiane che serve l'isola quotidianamente. Dal finestrino, il Mediterraneo sembra una lastra di pietra azzurra.

Ci abbiamo messo mezz'ora in più per arrivare: per evitare una forte turbolenza, il comandante ha deciso di compiere un ampio giro sui cieli della Tunisia.

Mentre atterriamo sulla breve pista dell'aeroporto, guardo gli scogli e la terra ai bordi dell'asfalto. È rossa, o meglio color arancione, un arancione acceso, fatto di granelli finissimi, che mi fa ricordare ciò che ho letto molti anni fa su qualche libro di geografia: Lampedusa appartiene alla placca africana, a differenza di Linosa, l'isola vicina, che appartiene alla placca europea.

Tra i ragazzi giunti dalla Scandinavia c'è anche Adhanom. Nella strage del 3 ottobre 2013 ha perso il fratello e lo zio. Mi dice subito che Asmara, la città in cui è nato e cresciuto, assomiglia a "una piccola Roma". Alto, le spalle larghe, i capelli crespi e la barba accennata sulla pelle liscia, parla poco, e soprattutto per raccontare la sua vita in Svezia.

Lo incontrerò più volte, nel corso dei giorni trascorsi sull'isola. Già poche ore dopo essere arrivati a Lampedusa si apre e mi racconta tutto quello che ha fatto dopo il naufragio, il modo in cui è riuscito ad arrivare fin lassù, dall'altra parte del continente. "Mi sono mosso in treno," dice, "dopo essere stato trasferito da Lampedusa a Roma insieme agli altri sopravvissuti."

Adhanom è tra quelli che, una volta portati nella capitale dopo i soccorsi, la prima accoglienza e il funerale senza bare ad Agrigento, hanno fatto perdere le proprie tracce in poche ore. Formato un piccolo gruppo, hanno raggiunto Milano in treno. Da lì sono riusciti ad arrivare a Francoforte. Lasciare l'Italia è stato facilissimo, nessuno ha chiesto loro i documenti. Ma in Germania i controlli sono subito aumentati. Hanno dovuto viaggiare di notte per non essere scoperti dalla polizia. La meta era chiara fin dall'inizio: arrivare in Svezia e chiedere il permesso di soggiorno, sebbene il Regolamento di Dublino obblighi i rifugiati a richiedere l'asilo politico nel primo paese in cui sono sbarcati. Ma per lui e gli altri le cose sono andate diversamente: sono riusciti a non farsi prendere le impronte digitali in Italia, e quindi non potevano essere rispediti indietro.

Adhanom è uno di quei rifugiati risucchiati in una sorta di nonsenso legislativo: è un sopravvissuto della strage del 3 ottobre, identificato come tale, ma grazie all'assenza di impronte nei computer della polizia italiana, è riuscito ad arrivare in Svezia e fare lì la richiesta di asilo, come se fosse piovuto dal cielo. È una delle profonde contraddizioni delle leggi che regolano la vita dei rifugiati in Europa, ma anche una salvezza. Per questo in Germania era importantissimo non farsi scoprire, eludere la sorveglianza di giorno e viaggiare di notte. L'unico obiettivo del gruppo era proseguire verso nord: da Francoforte ad Amburgo, da qui a Flensburg e poi in Danimarca. Dalla Danimarca alla Svezia è stato tutto più facile. Un gioco da ragazzi, mi dice sorridendo.

In Svezia i rifugiati ricevono un assegno mensile e frequentano un corso di due anni per imparare la lingua. Nei racconti di Adhanom e degli altri ragazzi il paese appare come il regno della pace, una terra benedetta dalla neve e da essa resa pura.

Immagino che per loro tornare a Lampedusa a un anno dalla tragedia, percorrendo in aereo il tragitto inverso da nord a sud, sia una forma di riscatto.

Il giorno dopo, Adhanom mi dirà che è troppo duro ricordare.

È troppo duro pensare a quei giorni, al fratello morto accanto a lui, alle urla nell'acqua, alla sensazione di vuoto sotto i piedi. Eppure, proprio per questo, è venuto a pregare. Non a manifestare o a chiedere qualcosa in particolare. È venuto solo a pregare insieme a tutti gli altri.

A Lampedusa c'è un liceo ma non un ospedale, c'è solo il pronto soccorso. A gennaio è stato chiuso anche il centro di prima accoglienza per immigrati, a seguito delle vibranti polemiche scatenate dalla diffusione di un video girato di nascosto con il cellulare da un rifugiato siriano. Si vedono dei corpi nudi, intirizziti dal freddo, lavati con gli idranti all'aperto, nel cortile del centro, in pieno inverno. Sono quelli dei rifugiati e dei richiedenti asilo ospitati nella struttura; i loro guardiani indossano guanti e mascherine bianche.

Bastano pochi secondi di video per scatenare la polemica. Dopo poche settimane il centro viene chiuso. Ufficialmente, in attesa di ristrutturazione.

Il pomeriggio del 2 ottobre, nello spiazzo davanti alla facciata del santuario, si tiene una preghiera interconfessionale cui partecipano quasi tutte le chiese e le realtà religiose siciliane.

Dal mare giunge una piacevole brezza. In un angolo ci sono tutti gli eritrei sopravvissuti al naufragio. Ci sono Adhanom e gli altri ragazzi incontrati in aereo. E ci sono anche don Mussie Zerai e Alganesh Fessaha, una donna che coordina un'organizzazione non governativa che si impegna per gli eritrei in fuga dal regime. Anche lei si è occupata delle violenze nel deserto del Sinai: l'avevo incontrata a Milano tempo addietro, e anche da lei avevo raccolto testimonianze importanti. Don Mussie indossa una lunga tunica nera e un cappello a cilindro, mentre Alganesh, come sempre, ha raccolto i lunghi capelli in un foulard.

Verso la fine della cerimonia tutti gli eritrei presenti intonano un canto nell'antica lingua dei testi sacri. Con le mani giunte, pregano rivolti verso il quadro della Madonna di Porto Salvo che si scorge all'interno della piccola chiesa. È un canto lungo, suadente, fatto di versi che procedono come onde, si inseguono, si allungano, si mescolano con la brezza del mare.

Presto mi accorgo di essere sommerso da un fuoco di fila di domande.

Come maneggiare la memoria e il dolore di queste commemorazioni?

Dov'è il confine tra il ricordo e la sua pietrificazione, o peggio: la sua monumentalizzazione?

Fino a che punto è lecito scavare, porre e porsi domande, interrogare i superstiti?

Qual è il punto esatto in cui il dovere della memoria sconfina nella curiosità morbosa?

Come evitare di essere parte di un enorme processo di spettacolarizzazione? Cosa raccontare, su cosa fissare davvero lo sguardo?

Come scansare il rischio di dire il già detto, di scivolare nella ripetizione delle tragedie che, viste da una certa distanza, finiscono per apparire tutte uguali?

Come farsi testimoni dell'unicità di ogni ferita?

No, non è "testimone" la parola adatta. Troppo seria, troppo ufficiale.

Il pomeriggio del 3 ottobre si tiene un altro momento di preghiera.

Nello spiazzo davanti alla parrocchia, una lunga fila di cartelli bianchi ricorda i naufragi degli ultimi mesi. Non solo i più noti, ma anche quelli minori, dimenticati, mai narrati. I canti eritrei rimbombano sotto l'unica navata. Davanti all'altare hanno disposto un pannello con le foto degli scomparsi.

Adhanom riconosce la faccia del fratello. I canti si susseguono per gran parte della celebrazione, anche quando vengono ricordati, in un lunghissimo elenco, tutti i morti del 3 ottobre. I loro nomi vengono letti da don Mussie e Alganesh. I due si alternano davanti al leggio, la voce ferma, gli occhi puntati sulla gente.

Poi, a celebrazione conclusa, usciamo tutti insieme sul sagrato. Portiamo dei fiori a stelo lungo da tre enormi cesti posti davanti all'ingresso della chiesa e ci incamminiamo sul corso principale. Mentre il cielo si fa livido, formiamo un corteo e gli eritrei riprendono a cantare. È qui, tra la gente che si dispone per una lunga marcia attraverso il paese, che conosco Costantino, il pescatore che i sopravvissuti ricordano come colui che li ha aiutati.

Costantino, in realtà, non è di Lampedusa. È nato a Trani e ha conservato, nonostante i quasi quarant'anni vissuti sull'isola, una leggera inflessione pugliese. Per tutta la vita ha fatto il muratore, è venuto a Lampedusa negli anni settanta per costruire una casa e ci è rimasto. Si è trovato bene e ha messo radici.

Non è un pescatore di professione. Ciononostante, la mattina del 3 ottobre ha deciso di uscire in mare intorno alle sei e mezzo con il suo amico Onder, un emiliano che passa qui i mesi estivi, per pescare le palamite, i tonnetti.

"Siamo arrivati sul luogo del naufragio intorno alle sette e dieci e abbiamo raccolto i superstiti dal mare fino alle otto. Ne abbiamo presi undici. A galla non c'erano molti morti, in parte li avevano già recuperati, in parte erano rimasti intrappolati nella stiva. Ma noi in quel momento non sapevamo che il barcone era affondato proprio lì sotto, non avevamo idea della tragedia che c'era stata."

Costantino e Onder non sono i primi ad arrivare nel punto in cui, a ottocento metri dall'isola dei Conigli, si è rovesciata una barca con a bordo più di cinquecento persone.

Quella mattina i primi ad arrivare sono Grazia, una donna di origini catanesi che ha un negozio di bigiotteria a Lampedusa, e il suo compagno Alessandro.

Costantino racconta: "Erano fuori, stavano dormendo in barca. Erano in otto e all'improvviso hanno sentito dei lamenti. Cioè, per la verità li ha sentiti Alessandro. Si è svegliato e ha sentito delle urla… In quel periodo però ci sono le berte. Le berte di prima mattina stridono, fanno dei versi particolari che a volte è possibile scambiare per il lamento di una persona. Gli altri gli dicevano: vai a dormire, non sai che ci sono le berte? Ma lui aveva uno strano presentimento. Allora si è alzato, è andato a prua, ha preso in mano il timone della barca e si è diretto verso quelle strane strida. Sentiva le voci, e alcune sembravano umane. Gli sembrava di riconoscere delle parole. Appena ha albeggiato, ha visto delle macchie di colore in mare e si è accorto che erano corpi umani. Allora ha dato l'allarme. Sono riusciti a prenderne quarantacinque, poi si è fermato un altro peschereccio. E subito dopo siamo arrivati noi. Per loro era più difficile tirarli su perché avevano le murate alte, mentre io e Onder avevamo una barca da pesca molto più bassa e molto più piccola, di solo cinque metri e venti. Potevamo prenderli dall'acqua con più facilità. Ma non tantissimi, però, se no andavamo a fondo pure noi".

Costantino li tira su con un braccio solo. E questa facilità di presa resterà impressa nella mente dei salvati oltre che nei racconti dei bar dell'isola. "Li tiravo su come sacchi di patate, prendendoli dai pantaloni, dalla cintola." Mentre lo dice guardo i suoi polsi spessi come polpacci, lasciati scoperti dalle maniche corte della camicia beige. Lo dice con fierezza. Un sorriso taglia il volto massiccio, un volto da antico bracciante pugliese, con le mascelle forti e gli occhi serrati come spicchi d'aglio, piazzato su un collo largo. "Li tiravo su con un braccio solo," ripete mentre fissa le barche bianche ormeggiate nel porto.

Il corteo risale per il Porto Vecchio. Gli eritrei continuano a intonare un lungo canto funebre, il cui giro armonico risulta a tratti addirittura gioioso.

Incomincia a piovere, qualcuno tira fuori un ombrello, ma i più non si scompongono.

"All'improvviso succede una specie di miracolo," prosegue Costantino. Almeno, lui ne è convinto, e me lo ripete guardandomi negli occhi, attraverso gli occhiali da vista bagnati dalla pioggia. "Dopo che ho raccolto i primi dieci, ce ne stavamo andando. Quelli della Capitaneria ci avevano detto di lasciare stare i morti, di non toccarli e andare via. Abbiamo dato un ultimo sguardo al mare, e ci è sembrato di vedere solo corpi immobili, riversi a faccia in giù, privi di vita. Avevamo data per morta anche lei..."

Lei è Luam, una ragazzina che dimostra sedici, diciassette anni benché probabilmente ne abbia di più. I capelli ricci bagnati dalla pioggia, un piercing grande quanto una pietruzza sul naso piccolo, affilato, cammina a pochi metri da Costantino. Una maglietta nera a mo' di casacca copre il suo corpo esile. "L'avevamo data per morta," ripete Costantino indicandola, "poi all'improvviso ho sentito un lamento. Luam ha avuto la forza di alzare il braccio e di dire *help me, help me* con un filo di voce. Non so spiegarmelo come io e Onder l'abbiamo sentita. Il motore acceso faceva un gran rumore… Però ho visto la mano."

Continuiamo a camminare sotto la pioggia, i fiori in mano.

Luam è l'ultima persona a essere salvata quel giorno, una delle poche donne. Come se la infastidisse sentire parlare di lei, si allontana e raggiunge un'altra ragazza. Si salutano sorridendo.

Costantino prosegue. "Dopo averli salvati, io e Onder ce ne siamo tornati piano piano. A mezzogiorno ho chiamato Maura, mia moglie, per chiederle quanti erano i morti e se la televisione aveva detto qualcosa. Maura mi ha detto che erano almeno cinquanta. Mi sono sembrati tanti rispetto a quello che avevo visto. Poi alle tre di pomeriggio, quando siamo arrivati sotto al faro, dopo aver fatto quasi tutto il giro dell'isola, ho chiamato ancora una volta mia moglie e lei mi ha detto: Guarda che ci sono centocinquanta morti e c'è lo scafo sotto che ne contiene almeno altri duecentocinquanta. Ma che stai dicendo?, le ho gridato al telefono. Che stai dicendo? Allora siamo rientrati di corsa."

La sera, Costantino è corso nell'hangar dove erano state raccolte le sette donne superstiti, per vedere come stesse la ragazza che aveva salvato. Non sapeva ancora il suo nome, ricordava solo il corpo minuto, il viso rotondo e il piccolo piercing sopra una narice. È stata lei a riconoscerlo e a buttarglisi al collo. Poi si è avvicinato anche Onder e ha riconosciuto anche lui. "Ma lui ha i capelli lunghi brizzolati, come un indiano," aggiunge, "è uno facile da riconoscere."

Nei giorni successivi, Costantino vuole rivedere le persone che ha salvato in mare la mattina del 3 ottobre, vuole sapere i loro nomi. È Luam a portarli a casa sua. "Il primo che ha portato è stato Robert. Un ragazzo che mi è sempre sembrato triste. È stato nove mesi prigioniero in Libia, ha visto i miliziani sparare su donne e bambini, ha preso tante di quelle botte che non puoi neanche immaginare. Nella tragedia ha perso un'amica che gli chiedeva aiuto, era accanto a lui e parlava con una voce sempre più flebile. Ma non ha potuto fare niente: dice che se aiutava lei, morivano tutti e due. È dura da sopportare una cosa del genere, penso. Ora vedo che sta meglio, ha la ragazza. Sorride ogni tanto. Un'altra sera ne sono arrivati nove, tutti gli altri che abbiamo salvato tranne uno e la stessa Luam, che erano stati mandati a Palermo per essere curati meglio. Allora io e mia moglie abbiamo chiesto tutti i loro nomi, li abbiamo scritti su un quaderno per non dimenticarli. Quella sera mia moglie li ha visti per la prima volta."

Ora sono sparpagliati in mezza Europa, nessuno è rimasto in Italia. Di quelli che ha salvato, tre stanno in Norvegia, sei in Svezia, due in Germania. Costantino e la moglie sentono spesso Luam tramite Skype. "Appena è arrivata in Svezia, è stata la prima a fare tutta la trafila per il riconoscimento dell'asilo. Quando ha fatto il primo colloquio non ha detto la verità, non ha detto che era una naufraga del 3 ottobre. Allora tramite la cugina, che parla bene l'italiano perché è stata in Italia dieci anni, le ho detto: Guarda che devi dire tutta la verità, tanto si viene a scoprire che stavi qua, perché i nomi dei superstiti girano... Allora ha raccontato tutto, e dopo quindici giorni le hanno dato l'asilo politico. Le hanno dato i documenti e i settecento euro al mese, ha iniziato ad andare a scuola e a lavorare in un fast food. Lì ti aiutano per due anni, non è come qua."

Nel 2011, nel pieno dell'emergenza sbarchi successiva all'esplosione delle primavere arabe, Costantino si era trovato, come tutti i lampedusani, ad aiutare molti dei nuovi arrivati. Ma in quel caso i soccorsi erano stati organizzati sulla terraferma. Una situazione come quella della mattina del 3 ottobre non l'aveva mai vissuta.

Stringe forte il fiore che tiene tra le mani, e che tutte le persone in corteo hanno ancora con sé, mentre la pioggia si fa sempre più insistente. Gli occhiali di Costantino sono infradiciati. Le gocce scorrono lungo i solchi del volto.

Nel frattempo ci siamo lasciati alle spalle il paese, e lungo la strada che costeggia la pista dell'aeroporto ci dirigiamo verso la Porta d'Europa. Allora gli chiedo se è davvero possibile che nessuno abbia visto la nave in difficoltà prima che si rovesciasse. In fondo, tutte le testimonianze sugli istanti precedenti il rovesciamento insistono sull'avvistamento di due imbarcazioni che si sono avvicinate e poi se ne sono andate come se nulla fosse.

"Come ti dicevo, in questo periodo ci sono molti tonnetti che girano. Per cui vengono tante barche, buttano le reti, pescano e se ne vanno. Non sono dell'isola, vengono da fuori. I sopravvissuti dicono di aver visto una barca blu. Ma barche blu a Lampedusa non ce ne sono, sono tutte bianche. Credo che possa essere stato uno di questi pescherecci. Quando è ancora buio, hanno un solo uomo alla guida, perché l'equipaggio dorme. Appena albeggia poi si mettono a lavorare. È possibile che l'uomo che era di guardia non li abbia visti…"

Insisto: "Tu escludi che possano aver visto uno yacht?".

"Non lo so… In ottobre qualche yacht c'è ancora. Però mi sembra più probabile un peschereccio. Calcola che questi che vengono da fuori e si muovono in altura sono molto più grandi delle barche che abbiamo noi. In genere non vengono sotto riva, ma capita di incrociarli."

Ma loro erano a soli ottocento metri dall'isola dei Conigli, non erano tanto lontani, faccio notare a Costantino. "E quella è la cosa che mi fa venire una rabbia dentro… Una cosa del genere non doveva succedere sotto costa. Se fossero rimasti fermi fino all'alba, non succedeva niente. All'alba sarebbero stati soccorsi. Sai quando ci sono tante di quelle coincidenze negative che messe tutte insieme si sommano e fanno una tragedia? Quella è la rabbia mia, la rabbia che mi prende ogni volta che passo là davanti con Onder, il mio amico."

Il canto si fa sempre più forte. C'è una strana calma, quasi uno stato di pace, sotto la pioggia battente.

Siamo arrivati nello slargo in cui sorge la Porta d'Europa, davanti allo sperone più a sud dell'isola. Nel momento cruciale della commemorazione, nel punto più a sud di ogni sud d'Europa, il cielo si squarcia e rovescia rabbiosamente le sue viscere sulla terra e sul mare.

Le onde sono alte, i fulmini cadono vicino alla costa. Il diluvio scende a secchiate fredde, sbattute dal vento. Eppure gli eritrei, che hanno cantato per tutta la durata del corteo e che hanno proseguito anche quando, arrivati nei pressi della Porta, lampi e tuoni si sono intensificati, continuano a farlo, come se ci fosse ancora il sole. Rimangono imperturbabili, con i fiori in mano e lo sguardo puntato verso le onde, dentro le loro magliette nere su cui è scritto: "Proteggere le persone, non i confini". Cantano impassibili.

Don Mussie Zerai è con loro. La tunica e il copricapo neri, una stola viola sulle spalle, intona un nuovo, lunghissimo canto. Mi è impossibile afferrare il testo, ma credo che stiano invocando la protezione della Madonna e dei santi.

Cantano e pregano per mezz'ora, mentre la pioggia picchia a secchiate e il vento diventa gelido.

Non ho mai partecipato a niente di così intensamente religioso in tutta la mia vita.

Rimaniamo lì, immobili come i sopravvissuti che cantano, fino a quando la preghiera non finisce e quella sorta di estasi collettiva si spezza di colpo. Solo allora, evitando di incespicare sugli scogli resi scivolosi dalle pozzanghere, ci avviciniamo al punto estremo della costa che scende ripida verso il mare. Don Mussie e i ragazzi lanciano i fiori tra le onde.

Vorrei farlo anch'io, ma solo ora mi rendo conto che il gambo che stringevo tra le mani è stato reciso dal vento.

Il fiore non c'è più.

Terza parte

VEDERE, NON VEDERE

SHORSH

Si chiama Shorsh, e l'ho conosciuto alla fine degli anni novanta, al tempo della prima ondata di profughi curdi verso l'Italia, un fiume di uomini e donne, in gran parte giovani, in fuga dalla follia omicida del dittatore iracheno Saddam Hussein.

Una sera, nella casa di studenti dove vivevo, dalle parti di Ponte Milvio, a Roma, Shorsh ci fece vedere una videocassetta. La conservava nella tasca del giaccone, tra fogli spiegazzati, fitti di appunti in varie lingue, scontrini, una piantina di Roma con alcune strade cerchiate a penna. Ci disse solo che riguardava i curdi. "Riguarda noi." Gliel'aveva data un amico a Termini, nel piazzale davanti alla stazione, la sera prima.

Poi le immagini partirono, e il tempo si fermò. Non avevo mai visto niente di simile. Il cameraman si aggirava tra le case basse di un villaggio di campagna, avanzando lungo strade prive di asfalto. Non una parola di commento, non un rumore di sottofondo, a parte quello cadenzato delle scarpe sulla terra. Poi all'improvviso comparivano dei cadaveri. Fuori, per strada, ma anche dentro gli interni.

Quelle scarne immagini ritraevano il massacro di Halabja, una cittadina curda dell'Iraq fatta gasare nel marzo del 1988, ai tempi della guerra con l'Iran. Era stato un genocidio, in cui avevano perso la vita cinquemila persone. Cinquemila uomini, donne, vecchi, bambini, assieme ai loro animali, vacche, asini, cani, cavalli, che nel video apparivano numerosi, riversi per terra proprio come gli esseri umani al loro fianco.

In quel momento, dalle parti di Ponte Milvio, quelle crude immagini che ci piovevano addosso senza il minimo commento, senza una spiegazione, mi sembravano violente e incomprensibili, lontane dal nostro orizzonte, quello di un gruppo di studenti italiani, raccolti in una casa romana, sul finire del Novecento.

Mi accorsi che le stavo osservando senza essere in grado di interpretarle. Eppure quelle immagini per Shorsh erano tutto. Non erano un prodotto della Storia, erano il suo presente.

Spiegavano nel dettaglio i motivi della sua fuga in Italia, svelavano un passato di violenze inenarrabili a cui aveva assistito da vicino, a cui parenti o amici avevano assistito, quando non ne erano stati vittima. La videocassetta che le custodiva era uno scrigno sacro; e il suo nastro, che a un certo punto Shorsh fissò come una reliquia, prima di soffiarci sopra per liberarlo di ogni granello di polvere, era prezioso più dell'oro.

In cambio, noi studenti togliemmo la custodia di plastica a uno dei tanti film che avevamo in casa e la regalammo a Shorsh. Avrebbe potuto preservare quell'unico filo che ancora lo legava al suo mondo.

Ho impiegato molto tempo per comprendere il potere di quelle immagini. Ma questa difficoltà a parlarne non riguarda solo la violenza di quel giorno preciso, di quel momento.

Riguarda anche il viaggio di Shorsh verso la placida Europa, la sua condizione di profugo negli anni successivi.

Lavoravamo da un paio di mesi come volontari in una

scuola d'italiano per immigrati sorta all'interno di un centro sociale lungo la Prenestina, dall'altra parte della città. In breve tempo le aule si erano riempite di decine di profughi come Shorsh, e ci era parso di soccombere di fronte alla crescente difficoltà di sciogliere le reciproche incomprensioni linguistiche. Molti di noi non avevano la minima competenza didattica, anche se ci affannavamo a riempire cartelloni con le coniugazioni verbali e le frasi base delle conversazioni più elementari. Non durò a lungo. Ma con alcuni di loro, e Shorsh era tra questi, stringemmo amicizia, facendo proseguire i nostri incontri, e le nostre chiacchierate, ben al di là delle poche ore di lezione negli stanzoni gelidi del centro sociale.

Per la prima volta, quella sera, ebbi la sensazione di quanto fosse difficile capire la vita prima del viaggio, l'ammasso di eventi che precede ogni partenza, per decine, centinaia di migliaia di migranti che si riversano ai confini della frontiera europea. Eppure nessuno inizia a vivere nel momento in cui l'imbarcazione che lo trasporta appare davanti alle nostre coste: il viaggio ha avuto inizio prima, anche anni prima, e i motivi che l'hanno determinato sono spesso complicati.

Non sono tanto le motivazioni individuali ad apparire incomprensibili. Chiunque parta lo fa per scappare da una situazione divenuta insopportabile, o per migliorare la propria vita, per dare un futuro dignitoso alla moglie o ai figli, o semplicemente perché attratto dalle luci della città, dal desiderio di cambiare aria. No, non è questo ad apparire incomprensibile.

Ad apparirci spesso incomprensibili sono i frammenti di Storia, gli sconquassi sociali, le fratture globali che avvolgono le motivazioni individuali, fino a stritolarle. Incomprensibili perché provengono letteralmente "da un altro mondo".

Quella sera, la violenza sui curdi di Halabja mi appariva incomprensibile perché nulla sapevo della loro storia, degli omicidi di massa perpetuati dal regime iracheno.

O meglio, non ne sapevo abbastanza. Non abbastanza per poter decifrare quei fotogrammi.

Credo sia questo uno dei principali motivi per cui ci è difficile comprendere il "popolo dei barconi" che giunge sulle coste europee. Ci è facile utilizzare la categoria di "vittima", almeno quando ci liberiamo dell'ossessione di essere invasi. Ma quella categoria significa poco e non ci dice nulla.

Ho frequentato Shorsh per un po'. I baffi folti e spessi, le guance scavate, la sigaretta sempre in mano, i pantaloni di una taglia più grande sulle gambe, che si intuivano essere molto magre. Ci teneva a far sapere che il suo nome, in curdo, vuol dire "rivoluzione".

Era un ottimo cuoco, benché mangiasse poco dei piatti che preparava con cura. Ricordo che a un certo punto dovette sottoporsi a un'operazione chirurgica di cui si vergognava. Non ne parlava volentieri. Era per via delle conseguenze di una tortura subita da parte del regime, lo stesso episodio per cui, qualche mese dopo, aveva ottenuto l'asilo politico in Italia.

Sono passati molti anni, e non so che fine abbia fatto. Tempo fa ho appreso da un amico comune che, dopo la cattura di Saddam Hussein nel 2003, ha scelto di tornare in Kurdistan. Ha fatto a ritroso il viaggio che lo aveva portato in Europa, nella speranza di ricostruirsi una nuova vita lì, e di lui non ho saputo più niente. Ora mi sento in colpa, per non aver capito molte cose prima che scomparisse nel nulla. Come dal nulla era venuto.

È così che ho sviluppato questa ossessione. Provare a rendere quel nulla un po' meno nulla. Provare a oltrepassare la categoria di "vittima", che non spiega niente della complessa vita degli esseri umani. Provare a dipanare i fili di eventi che a prima vista paiono incomprensibili.

Sono passati più di quindici anni da quella sera a Ponte Milvio. Proprio frequentando Shorsh e alcuni curdi arrivati a Roma negli stessi mesi, avevo avuto la percezione che l'attraversamento della frontiera europea stesse diventando un fatto globale. A bordo dei barconi che allora si riversavano sulle coste pugliesi, così come in seguito si sono riversati su Lampedusa e sulle coste siciliane, non c'erano più solo i profughi dei Balcani, o gli albanesi in fuga dal crollo di una dittatura claustrofobica, ma persone diverse che venivano da un Oriente ancora più lontano. C'era un Est molto più a est dei Balcani. E c'era un Sud molto più a sud del Maghreb. Più quei paesi erano lontani, più non ne sapevamo niente. Il business degli scafisti è cresciuto proprio allora: quando le coste italiane sono diventate la porta per accedere all'Europa, e l'Europa ha provato a erigere una serie di muri davanti alle proprie frontiere.

In questi anni ho conosciuto tantissimi uomini e donne come Shorsh. Di molti ho perso le tracce. Tanti sono ripiombati nel nulla prima che potessi saperne di più. Alcuni sono morti proprio quando pensavano di avercela fatta. Da qui la mia ossessione. Se le coste europee non possono essere che frontiera, tanto vale provare a fissare sulla sabbia alcuni dettagli, alcuni brandelli di esistenza, che altrimenti verrebbero meno col venir meno delle persone.

La frontiera è un termometro del mondo.

Chi accetta viaggi pericolosissimi in condizioni inumane, attraversando i confini che si frappongono lungo il suo sentiero, non lo fa perché votato al rischio o alla morte, ma perché scappa da condizioni ancora peggiori. O perché sulla sua pelle è stato edificato un mondo che gli appare inalterabile.

PARTIRE, TORNARE, RIPARTIRE

"Shorsh è in Italia," mi dice Marco una sera.

Per anni avevo pensato che fosse tornato in Iraq, che avesse deciso di rifarsi una vita nel Kurdistan iracheno, e che lì fosse rimasto. Non lo avevo più visto a Roma, né nessuno mi aveva più parlato di lui. Lo ammetto: ero stato anche io a dimenticarmene, come spesso ci si dimentica di persone con cui pure si è condiviso qualcosa. Ma ora Marco mi dice che è tornato in Italia con tutta la famiglia, "con la moglie e i figli".

La cosa mi sorprende.

Siamo portati a pensare ai viaggi come a frecce che si muovono in un'unica direzione, da sud verso nord, da est verso ovest. Anche quando siamo disposti ad ammetterne la complessità, il dilatarsi per mesi o anni lungo tragitti tortuosi, difficilmente conveniamo che chi decide di raggiungere l'Europa, dopo un po' di anni, possa tornare indietro. Non siamo portati a contemplare la cosiddetta "immigrazione di ritorno". Ed è ancora più arduo concepire l'esistenza di chi parte, ritorna e poi magari riparte. Eppure molta gente vive in bilico tra due mondi e riattraversa la medesima frontiera più volte. In alcuni casi vi è costretta, in altri sceglie l'andirivieni. Lo ha fatto anche Shorsh.

"È a Bolzano," aggiunge Marco. Da quando è tornato

lo ha sentito sporadicamente e una volta è anche andato a trovarlo. “Vive fuori città.” O almeno ci viveva quando ci è andato lui, un paio di anni fa, di passaggio in Alto Adige. Tempo fa ha saputo che era in procinto di aprire un locale per la vendita di pizza e kebab. “Non so altro purtroppo, ma puoi chiamarlo. Il suo numero è lo stesso di quindici anni fa. Non lo ha mai cambiato.”

UNA NUOVA PERSONA

Marco aveva ragione: Shorsh aveva ancora il numero di un tempo.

Ho riconosciuto subito la sua voce, il suo accento italiano aveva preso solo una lieve inflessione settentrionale. Intorno a lui si percepiva un parlottio confuso.

Era al lavoro nel locale da diverse ore e vi sarebbe rimasto fino a tarda sera. Non aveva molto tempo per parlare, mi ha detto gentilmente. Ormai era costretto ad aprire tutti i giorni, senza pausa. Doveva guadagnare per rimettersi in pari ma, se fossi andato a trovarlo, avremmo potuto chiacchierare nelle lunghe ore di lavoro, tra un kebab e l'altro. Soprattutto di pomeriggio, quando i clienti si diradavano, o a notte fonda quando abbassava la saracinesca.

Gli ho detto che, dopo tanti anni, avevo voglia di rivederlo e che lo avrei raggiunto di lì a una settimana.

"Quanto ti fermi?" mi ha chiesto prima di tornare al bancone.

"Un paio di giorni, non di più."

"Puoi stare a casa mia."

Così, ora sono in treno per Bolzano. Attraverso il finestrino, guardo di sfuggita le montagne verdi e ripide del Sudtirolo, chiedendomi come mai Shorsh abbia scelto di venire proprio qui, una volta tornato in Italia.

Conosco bene Bolzano. Se in Italia c'è un territorio che ha sperimentato la vita lungo la frontiera, il compenetrarsi di lingue ed etnie diverse, la diffidenza tra i rispettivi gruppi e allo stesso tempo gli attraversamenti da un gruppo all'altro, è proprio la fetta di terra montuosa che gli italiani chiamano Alto Adige e i tedeschi Sudtirol.

Qui Shorsh ha deciso di venire a vivere e di far crescere i suoi figli. Come mi ha anticipato al telefono, il locale, aperto da qualche mese, è alle spalle del centro. Non ci metto molto a raggiungerlo dalla stazione.

È domenica. Nel freddo del pomeriggio scorgo la sua sagoma dietro la vetrina pulita che separa dal marciapiede il locale di una sola stanza. Shorsh mi appare magro e invecchiato, le guance ancora più scavate di come le ricordavo, i capelli radi e ingrigiti. Ma il taglio degli occhi e la forma del viso sono gli stessi.

"Sei diverso," mi dice invece lui quando entro. "Se non sapevo che venivi, non ti avrei mai riconosciuto."

Non ci vediamo da quindici anni. Alle sue spalle sfrigola il kebab.

Oggi è solo al bancone, la moglie è a casa con i quattro figli.

"I grandi vanno alla scuola italiana, sono arrivati alle medie ormai. I più piccoli invece vanno all'asilo tedesco, perché non ci sono asili italiani vicino a casa nostra."

I nuovi arrivati come Shorsh percepiscono subito il complesso equilibrio tra la comunità di lingua italiana e quella di lingua tedesca, che si riflette nella separazione scolastica. Mentre tira il pane fuori dal forno, riconosce che per vivere tranquillamente bisogna imparare in fretta le leggi scritte e quelle non scritte che regolano la convivenza.

I panini hanno una forma spessa e rotonda. Ne spezza uno ancora caldo e me ne offre metà. Poi aggiunge: "A volte penso sia meglio non essere né italiano né tedesco. Se sei un immigrato, allora forse puoi trovare uno spazio tuo".

Mentre stringo il pane tra le mani e sento il suo odore intenso, mi rendo conto che il mio amico sembra molto più anziano dei suoi anni. Gli eventi successivi al nostro ultimo incontro devono aver comportato una quantità di scelte, traumi e risalite non comuni. Intanto il rotolo di carne continua a girare e a cuocersi. Parliamo del locale. L'idea di aprire un posto in cui cucinare sia il kebab sia la pizza è venuta a suo cugino. Ma dopo aver affittato il locale, aver fatto i lavori, acquistato il forno, il bancone, la macchina per impastare e inaugurato il posto, il cugino se n'è andato e l'ha lasciato solo. All'inizio è stato un disastro: Shorsh aveva accumulato un mucchio di debiti per l'apertura, e in più non sapeva fare la pizza.

"Perché hai aperto, allora?" gli chiedo.

"Non riuscivo più a lavorare come mediatore culturale. L'ho fatto per anni, con le associazioni o con le commissioni per il riconoscimento dell'asilo. L'ho fatto anche al tribunale. Ma ora non arrivano più tanti curdi come un tempo."

La citta è spazzata da un vento gelido che si insinua fra le strade, i palazzi, gli alberi, le auto. Le vette delle montagne intorno sono innevate. Usciti due clienti abituali, capisco che abbiamo un po' di minuti per parlare in pace, prima che il flusso degli avventori aumenti.

Gli chiedo subito cosa ha fatto in tutti questi anni, perché una volta tornato in Kurdistan, dopo la guerra, ha deciso di rientrare in Italia.

"Sono tornato nel 2004, ma c'erano tante cose che ancora non funzionavano. L'autonomia era molto debole, e io ho capito che non ero pronto per rimanere. Dopo un anno sono venuto di nuovo in Italia. Ho pensato che era meglio anche per i bambini."

Non è facile lasciare il proprio paese una seconda volta. Da quando è tornato in Italia, Shorsh ha pensato costantemente di tornare indietro, qualche mese fa ha anche provato a cedere il locale appena aperto a un parente. Ma poi l'avanzata dell'Isis e la feroce guerra che si è scatenata hanno cambiato tutto.

"Non è tanto per me," aggiunge con espressione seria. "Io sono sempre pronto a combattere. Quando ho visto le immagini di Kobane, ho pensato che potrei stare benissimo lì a difendere la città. Anzi, penso proprio che dovrei. Ma poi guardo i ragazzi: non puoi portarli in un contesto del genere. In un attimo puoi perdere tutto."

Gli chiedo cosa pensino i figli più grandi.

"Vogliono stare in Italia. Mio fratello mi dice di raggiungerlo in Svezia, mio cugino in Germania, a Lipsia. Ma mia figlia non vuole saperne."

Assaggio un doner kebab appena fatto. La carne è come quella di tutti i kebab di tacchino surgelati, altrimenti sarebbe troppo costoso. Il fiore all'occhiello del locale sono le piadine e i panini appena sfornati. Shorsh li tira fuori ogni ora in piccole quantità, e quando sono ancora caldi sono squisiti. Poi ci sono le salse. Credo di averle provate tutte nei due giorni che sono rimasto con lui. La mia preferita è quella al curry, corretta con un ingrediente segreto che non ha voluto rivelarmi, e che per quanto mi sforzassi di individuare, ingurgitandone a litri, non sono riuscito a scoprire.

Chiedo a Shorsh se ora che ha la cittadinanza italiana, a tanti anni di distanza dal primo viaggio verso l'Europa, gli capita ancora di ricordare le sue tappe.

Non ci pensa quasi più, ormai. Gli capita solo se ne parla con qualcuno, come con me adesso, ma mai in famiglia:

i figli, anche quelli più grandi, non gli hanno mai chiesto come abbia fatto ad arrivare in Italia.

Tuttavia, nelle ore che passiamo insieme, affiorano vecchi dettagli dal fondo della memoria.

"In realtà, puoi dimenticare delle cose per anni, ma poi ritornano all'improvviso, come oggi. Tornano soprattutto le cose a cui non daresti nessuna importanza," dice. E racconta.

"A Patrasso ho conosciuto dei tizi che organizzavano il viaggio, avevano occupato un vagone in disuso in cui facevano dormire la gente. Una sera, uno di questi, diventato mio amico, aveva una bottiglia di ouzo. Abbiamo bevuto tanto e mi sono scaldato. Così sono andato nella piazza dove stanno i camion che attendono di salire sulle navi, ho fatto un po' di giri, ho visto un camion che stava per imbarcarsi e sono corso sotto. Sono riuscito a infilarmi. È lì che mi è caduto l'accendino e non ho potuto recuperarlo. Poco dopo sono venuti degli uomini e hanno fissato il camion con delle catene. Quando sono andati via, sono sceso. C'era un rimorchio coperto con la plastica, ma non era chiuso ermeticamente: mi sono nascosto lì. Ho pensato che, siccome era già aperto, non lo avrebbero controllato, mentre magari un carico chiuso l'avrebbero aperto..."

Per tutta la durata del viaggio Shorsh rimane steso immobile, pronto a decifrare il minimo rumore che giunge dalla stiva. Indossa due giacche, una sopra l'altra, per ripararsi dal freddo. Dopo almeno venti ore senza poter fumare nessuna delle sigarette contenute nel pacchetto che si era portato, sente che tolgono le catene.

"Un camion ha preso il rimorchio e lo ha lasciato nel piazzale davanti alla nave. Avevo una piccola forbice con me e ho tagliato il telone per guardare fuori. Era mattina, c'erano dei pescatori che scaricavano delle cassette di pesce. Sono sceso, ho buttato la prima giacca, e mi sono diretto verso l'uscita. Solo quando sono arrivato in stazione ho capito che ero ad Ancona. Ho fatto subito un biglietto per Roma, poi sono andato in bagno e mi sono visto allo specchio. Ero tutto nero! Mi sono sciacquato il viso con il sapone e mi sono buttato l'acqua addosso con tutte e due le mani, poi ancora sapone e poi ancora acqua, ma chissà cosa avrà pensato il bigliettaio quando mi ha visto… Alle otto c'era il primo treno per Roma, e per fortuna sono salito."

Da Roma prende un altro treno per Ventimiglia.

Quando scende nota subito che la stazione è piena di poliziotti. Ci sono anche due, tre gruppi di curdi, ma preferisce fare tutto da solo. Anziché prendere un altro treno o una corriera, che verrebbero sicuramente controllati, decide di incamminarsi verso la Francia a piedi.

"Ho fatto l'autostop e una macchina si è fermata. Era un francese, non riuscivo a comprenderlo. Mi ha fatto capire a gesti che c'era un controllo poco più avanti. Mi ha fatto cenno di scendere, mi ha anche indicato una strada che passava sotto il ponte, proprio lì vicino, dicendomi che mi avrebbe aspettato dall'altra parte. Sceso dall'auto, ho comprato una bottiglia di Fanta e me la sono bevuta tutta per la tensione. Mi sono avvicinato al ponte senza dare nell'occhio e sono sceso giù. Il mare era vicino, c'erano i sassi, camminavo a fatica, sono anche scivolato. Quando sono arrivato sotto il ponte, mi si è avventato contro un cane. Aveva gli occhi rossi, abbaiava e ringhiava senza sosta. Non potevo più andare avanti né tornare indietro. Si è lanciato contro le mie gambe, e lì ho pensato che era finita."

Nel locale entra una donna. Guarda attentamente il menu scritto su un pannello appeso alla parete alle spalle di Shorsh e si decide per un panino con i falafel, poi va via rapidamente. Quando torna il silenzio, appena interrotto dallo sfrigolio della carne che si cuoce, Shorsh è già oltre. Ha lasciato la Francia, e con un treno ha raggiunto la Germania. È là che voleva andare, fin dall'inizio.

In Germania, dopo aver vissuto per alcuni mesi in un centro di accoglienza, viene scoperto.

"Mi avevano sistemato in una stanza per due persone. Alle cinque di mattina, ho sentito arrivare la macchina della polizia, sono saliti, hanno bussato e mi hanno portato via. Con loro c'era l'*housemaster*, il responsabile del centro. Prima mi hanno detto che mi portavano in Iraq, poi in Grecia. Alla fine mi hanno spedito in aereo a Fiumicino. Non ero contento per niente, mi hanno tenuto quattro giorni in aeroporto per fare la pratica dell'asilo e poi mi hanno lasciato andare. Non mi ricordo se mi hanno portato in questura, comunque mi hanno lasciato andare via. Per una settimana ho dormito al parco, poi ho recuperato l'indirizzo del centro di piazza Vittorio."

È in quel centro che ho conosciuto Shorsh alla fine degli anni novanta, ai tempi della videocassetta di Halabja. Avevo già ascoltato alcune parti del suo viaggio, ma mai tutte insieme. A raccontarmele è un uomo che a tratti sembra rievocare la vita di un fratello o di un figlio, non la propria. Poi, all'improvviso, mi rivela qualcosa.

"Io non mi chiamo Shorsh" dice con un sorriso bizzarro che gli allarga solo un lato della bocca. "Non mi chiamo Shorsh," ripete.

So bene che tanti immigrati cambiano nome nel momento in cui devono dare le proprie generalità sul suolo europeo, non è questo a stupirmi, non mi meraviglia l'abbia fatto anche lui. Ciò che mi meraviglia è che per tanti anni io non abbia saputo niente della sua scelta.

"Quando mi hanno beccato in Germania, mi hanno chiesto come mi chiamavo. Non sapevo cosa dire. Allora me lo hanno fatto scrivere. Shorsh è nato lì, però nei giorni, nei mesi e negli anni successivi si è creata un'altra identità. È nata una nuova persona. Tu conosci Shorsh, non quello che ero prima. Tu conosci una persona che pensa e parla in italiano."

TROVARE LE PAROLE

A metà pomeriggio Shorsh mi rivela il suo vero nome. Non è molto diverso da quello che si è scelto, ma per rispetto nei confronti del suo passato non lo rivelerò. Continuerò a chiamarlo con il nome con cui l'ho sempre chiamato, così come ho fatto nelle nostre conversazioni.

Siamo ancora nel locale. La porta a vetri trattiene il tepore del cibo appena cucinato, la strada fuori dalla piccola kebabberia è ancora deserta. Continuo ad ascoltare i frammenti dei suoi ricordi e afferro che c'è nella sua vita un nodo irrisolto, di cui la scelta del nome costituisce solo un filamento secondario. Ha a che fare con la partenza dall'Iraq e con quello che l'ha generata. E, soprattutto, con la lingua.

"È strano," dice mentre mi volta le spalle alla ricerca di uno strofinaccio. "Solo ora mi sono davvero reso conto di tutto ciò." Col tempo, Shorsh ha capito che era molto più facile rielaborare il racconto della violenza subita in italiano che non in curdo.

"Quando hai ricevuto delle percosse e delle torture, la Commissione che giudica i richiedenti vuole vedere in te le tracce delle violenze subite per darti l'asilo," mormora mentre affetta un pomodoro sul bancone.

È come se la vittima di tortura, per essere catalogata come tale, fosse chiamata a fornire dei segni inequivocabili sul proprio corpo. Ma in quel momento, poco dopo il suo arrivo in Italia, Shorsh si è accorto che gli mancavano le parole. Non riusciva a trovarle in curdo o in arabo, e le lingue europee erano ancora un muro invalicabile.

Insomma, non riusciva a comunicare quello che aveva subito.

Non che non fosse stato picchiato e bastonato ripetutamente dalla polizia di Saddam, soprattutto quella volta che era stato arrestato senza lo straccio di una prova insieme a tanti altri curdi per un attentato verificatosi nella sua città. Non che non avesse seriamente rischiato di morire anche in seguito, quando, dopo la fine della Prima guerra del Golfo, era scoppiata un'insensata lotta fratricida tra le due principali fazioni curde che intendevano spartirsi il potere interno. Ma Shorsh, l'uomo diventato Shorsh, non aveva le parole per spiegare tutto questo. Per spiegare la paura e il terrore, la violenza diffusa e prolungata. Quella che si insinua come un tarlo nella testa e nell'anima.

"Non avevo segni tangibili sul corpo. Sono stato picchiato a lungo con i bastoni, ma non avevo segni. Più che la violenza, ricordo il terrore della violenza, il terrore che ogni notte potessero capitarti le cose peggiori che vedevi fare agli altri. Capisci quello che voglio dire?"

Lo guardo fisso negli occhi, senza fare il minimo cenno.

"Non avevo nessuna cicatrice e non avevo le parole per raccontare quella violenza. Così ho mostrato i segni dell'operazione subita."

Mi ricordo bene dell'operazione, di cui tanto si vergognava.

Rimango di sasso per la seconda volta nel giro di poche ore. Il fatto che Shorsh non sia stato torturato non significa che non sia stata messa in atto una prolungata vessazione psicologica, i cui confini sono difficili da nominare. Né che non avrebbe potuto essere torturato o ucciso in un altro frangente.

Il mio amico Marco, una volta, dopo aver accompagnato l'ennesimo studente della scuola di italiano davanti alla commissione che avrebbe dovuto decidere della sua permanenza in Europa, mi aveva detto: "È la stessa procedura della richiesta d'asilo a favorire, nel richiedente, un processo di autovittimizzazione". Voleva dire che è lo stesso meccanismo del diritto d'asilo, talvolta, a comprimere su un unico piano, in una sola dimensione, la complessità di ogni storia. Spesso siamo disposti ad ascoltare solo quelle storie che rientrano nei parametri che abbiamo prefissato.

Ora Shorsh sta lavorando la pasta per la pizza, che tra qualche ora sempre più clienti ordineranno.

"La cosa più faticosa," dice, "non è cucinare o stare al banco, ma dover pulire tutto il locale, le ciotole, i vassoi, le posate e gli strumenti, il piano cottura e quello per le insalate, ogni sera, prima di tirare giù la saracinesca." Dopo dieci, undici ore di lavoro ininterrotto, è quell'ora finale a piegargli le gambe. Prima delle pulizie, però, deve ancora preparare la pasta per il giorno dopo, e lasciarla crescere al caldo per tutta la notte.

Shorsh versa la farina, il lievito, l'acqua e il sale nella macchina impastatrice e questa mescola e pesta una massa informe, che piano piano si raggruma e solidifica, diventando morbida, gommosa. Dopo venti minuti, lui la prende in mano e la posa sul marmo bianco. Finisce di lavorarla, la prende a pugni, la allarga, la distende, la lancia in aria e poi la ricompatta. Infine la ripone al caldo.

Lo guardo, e per la prima volta mi rendo davvero conto di quanto sia stanco. La moglie, in genere, viene ad aiutarlo solo intorno all'ora di pranzo. Dopo una giornata come questa, in cassa gli rimangono centotrenta, centoquaranta euro, a cui vanno sottratti un centinaio di euro per la spesa, la carne, la mozzarella, la farina, le verdure, le bibite, i costi della luce, l'affitto. Alla fine il guadagno netto non supera i quaranta, cinquanta euro. E solo quando va bene.

Lo aiuto a pulire il locale, a sistemare le sedie. Tirata giù la saracinesca, ci avviamo verso la sua macchina. La mezzanotte è passata da un pezzo.

"Ci credi che stavo meglio là? Se non era per Saddam, avevo tutto. Forse lo Shorsh di oggi non rifarebbe il viaggio. Alla fine penso che uno non dovrebbe spostarsi da dove viene, meglio restare dove si è nati. Viaggiando impari tante cose interessanti, ma non ritrovi mai la stessa situazione che c'è a casa tua. Ti può capitare di incontrare gente accogliente, ma se uno non è proprio costretto a lasciare il paese, conviene sempre rimanere. Certo, magari a un certo punto ti trovi bene all'estero, e allora tutto diventa positivo, anche la sofferenza. Ma io adesso sono solo molto stanco."

"Vorresti vendere il locale?" gli chiedo.

"Se viene qualcuno che lo vuole, glielo do. Non ho messo l'annuncio sul giornale, perché potrebbe sembrare che il negozio non vale tanto. Se metti un cartello 'Vendesi', la gente non entra neanche a mangiare."

La casa di Shorsh è in aperta campagna, in mezzo a un meleto. Nella piccola vallata ci sono poche case, quasi tutte a due piani. A parte loro, ci sono solo due famiglie italiane, gli altri sono tedeschi.

È notte, ormai dormono tutti. Entriamo in silenzio levandoci le scarpe all'ingresso. Mi presta un paio di ciabatte e chiacchieriamo ancora un po' intorno al tavolo di legno della cucina, mentre lui mangia due, tre cucchiaiate di minestra di ceci. Per tutto il giorno non l'ho visto toccare cibo, e ho subito pensato che chi lavora in una kebabberia faccia fatica, alla fine, a mangiare panini e salse a pranzo e a cena, e finisca per mangiare a notte fonda, quando fa ritorno a casa.

Shorsh mi dice che posso dormire nella stanza del figlio, c'è un altro letto accanto al suo. Entro in una stanza buia, mi spoglio e mi infilo sotto le coperte pesanti. Improvvisamente cado in un sonno impenetrabile, reso ancora più profondo dalla totale assenza di sogni.

EPILOGO

ALTRI ARRIVI

Il 19 aprile 2015 un peschereccio si rovescia a poche miglia dalla costa libica.

In una sola notte muoiono ottocento persone, forse novecento. Come sempre, è impossibile stabilire il numero esatto dei dispersi. Alcune settimane dopo viene individuato lo scafo in fondo al mare, è sicuramente carico di corpi, ma le operazioni di recupero risultano subito difficoltose.

I sopravvissuti raccontano l'orrore di sempre, la dura lotta che si scatena tra i sommersi per rimanere a galla.

Passato lo sgomento per l'ennesima ecatombe, il dibattito europeo si è spostato sulla necessità di "fermare i viaggi per fermare le stragi". Non, quindi, rimuovere le cause per cui centinaia di migliaia di uomini, donne e bambini rischiano la morte ogni anno pur di partire, anzi, neppure preoccuparsi di studiarle, ma bloccare i viaggi controllati da "trafficanti di esseri umani", come se questi non offrissero un'alternativa criminale e infame, oltre che molto insicura, a profughi che non hanno altre vie di fuga.

I blocchi navali sono rischiosi e difficilmente applicabili per almeno due motivi. Il primo è strettamente tecnico: come si fa a bloccare una serie di pescherecci stracarichi che non vogliono e non possono tornare indietro? Li si ferma in alto mare? Li si abborda? Li si respinge con le armi? Si bombardano, con un atto di guerra, le imbarcazioni ancorate nei porti sull'altra costa? Il secondo ha a che fare con la storia recente delle rotte: alzando un muro in un punto del Mediterraneo, il flusso devierà da un'altra parte, seguirà strade ancora più pericolose e, forse, controllate da criminali ancora più spregiudicati.

Non posso non pensare a tutto questo mentre guardo le immagini dei nuovi arrivi in tv.

Nella loro crudezza, i numeri ci dicono che non c'è un mondo intero pronto a invadere l'Europa. Ci sono piuttosto precise aree del globo esplose politicamente ed economicamente, da cui provengono degli uomini e delle donne che accettano il rischio di imbarcarsi su carrette fatiscenti, o che risalgono i Balcani ed entrano in Ungheria o in Austria nascosti nei cassoni dei tir.

Davvero l'unica soluzione a un dramma umano di tali proporzioni è bloccare i viaggi, creando un imbuto sulla riva sud o sulla riva est del Mediterraneo?

Quasi tutti quelli che scappano sono consapevoli dell'inferno che li attende. Se lo fanno, se continuano a scappare in massa, è perché stanno fuggendo da una violenza più efferata. Dalla certezza della morte, o di una vita non vissuta.

LA VIOLENZA DEL MONDO

In un pomeriggio assolato entro nella chiesa di San Luigi dei francesi, a Roma. È insolitamente vuota, una manciata di turisti si aggira nella penombra. Mi dirigo verso le due tele di Caravaggio esposte sulle pareti della cappella Contarelli, la prima alla sinistra dell'altare. Sono anni che non vedo la *Vocazione* e il *Martirio di san Matteo*, benché quei dipinti realizzati tra la fine del Cinquecento e gli albori del Seicento mi abbiano sempre accompagnato e siano rimasti in un angolo della mia mente, al fondo di tante riflessioni e conversazioni.

Mi ritrovo incantato a guardare il *Martirio*, che come sempre cattura i miei pensieri ancora più della *Vocazione*. In quella scena di cruda, assoluta, improvvisa violenza si affollano le nostre debolezze di fronte al mistero del male. Tra le pieghe dell'opera si cela l'enigma del non agire. C'è un vecchio steso a terra, la barba grigia, i capelli stempiati, sembra essere scivolato pochi istanti prima. È Matteo. Ha una mano alzata verso l'alto, cerca di parare il colpo che sta per arrivare. Ma il polso è afferrato dalle dita del sicario. È lui il fulcro del quadro. Il centro intorno al quale tutto ruota è l'ottuso carnefice, non la vittima. Quest'ultima è vestita, lui invece è nudo, solo un lembo di stoffa copre i genitali. Fissa negli occhi Matteo, con una mano blocca il suo polso, con l'altra impugna la spada.

Caravaggio non ritrae l'uccisione, bensì l'attimo prima della mattanza, l'istante prima che la violenza si compia. Ma quella stessa violenza, la cui intenzione si sprigiona come un tuono dal corpo del carnefice, è già esplosa. Si sentono le grida, la tensione ferina, l'odore acre della paura. La scena è affollata di gente che si ritrae dalla mano del boia. Chi scappa, chi urla, chi inciampa nella fuga, chi alza a sua volta le mani: sono tutti puntini di un cerchio che si sta dilatando. Nessuno prova a fermare la spada. È la stessa reazione, penso, che avrebbe chiunque davanti a un'esecuzione di mafia o a un attentato terroristico realizzati in pieno giorno in mezzo alla strada o in un luogo affollato. È la reazione che abbiamo tutti di fronte alla violenza. Più precisamente, davanti alle armi che stanno per provocare una morte violenta: davanti a una lama sguainata, a una pistola che sta per sparare. La violenza atterrisce, non dà alternative. Al massimo si grida, si scappa, ma di rado si è pronti a intervenire.

Matteo tra poco verrà finito. Da oltre quattrocento anni, ogni sguardo che si poggia sul dipinto vede che sta per essere trucidato. Manca una manciata di secondi. La vittima, in fondo, sa già come andranno le cose. Ma ci sono anche altri sguardi, nell'intreccio che tiene insieme il quadro: innanzitutto quello fra la vittima e il carnefice, che li lega insieme. Poi quelli di ripulsa, panico, indifferenza inebetita di tutti gli astanti, che convergono verso il centro, tanto quanto le onde della violenza esplodono verso l'esterno. Infine, ci sono gli occhi di un uomo con la barba, alle spalle del sicario, qualche metro indietro. Guarda Matteo a terra, e anche lui sa cosa sta per accadere. Quell'uomo, dicono i testi critici sul dipinto, è Caravaggio. Quel volto barbuto è un autoritratto.

Più che un'immagine di sé da consegnare ai posteri, nella penombra della chiesa rotta dai faretti quella porzione di tela mi sembra un manifesto. Una riflessione incandescente sulla violenza del mondo, e sul rapporto che instaura con essa chi la osserva.

C'è un dolore misto a commiserazione nel suo sguardo, un'infinita tristezza. A differenza degli altri spettatori Caravaggio non fugge: guarda la vittima perché non può fare altro che stare dalla sua parte e vedere come va a finire ciò che si sta per compiere. Ha già intuito tutto, ma non interviene. Sa di non poter intervenire, di non poter fermare quella spada.

La sua commiserazione è ancora più dolorosa perché impotente. La lucida interpretazione dei fatti, e ancor di più il genio dell'arte, non arresteranno il massacro. Resta solo la pietà.

Dipingendo il proprio sguardo, Caravaggio definisce l'unico modo per guardare all'orrore del mondo, stabilisce anche geometricamente la giusta distanza a cui collocarsi per fissare la bestia: dentro la tela, accanto alle cose, non fuori con il pennello in mano. Eppure sa anche che tale sguardo è inefficace, non cambierà il corso dei fatti, non impedirà l'omicidio di quell'uomo anziano caduto per terra, che prova a parare i colpi a mani nude.

La luce che illumina il dipinto si spegne di colpo, e io non ho più spiccioli nelle tasche per farla riaccendere. Mi guardo intorno alla ricerca del sostegno di qualche turista, ma non c'è più nessuno.

Il dipinto è piombato nell'oscurità. Scorgo ancora il corpo del carnefice, ma il volto del Caravaggio si percepisce appena, perso nell'ombra. Rimango lì, a cercare di ricostruirne i lineamenti, ma niente, non ci riesco. Solo quando raggiungo l'ingresso, sotto l'organo che pare sorretto dalle statue di quattro angeli, il vociare della strada mi riscuote.

Mi chiedo se lo sguardo di Caravaggio non sia anche il nostro sguardo nei confronti dei naufragi, dei viaggi dei migranti e soprattutto della violenza, politica o economica, che li genera. Nella migliore delle ipotesi, almeno, quando quello sguardo non è inquinato dall'apatia, dall'indifferenza, dallo stesso fastidio per l'oscenità della morte. Quando quello sguardo non è già, fin dal principio, connivente con la lama dell'aguzzino.

Non appena osserviamo il mondo con gli occhi di Caravaggio, esso si rivela come un universo di violenza ferina. Tuttavia, non è la violenza a sgomentarci, ma il fatto che, anche quando comprendiamo pienamente le sue leggi, non riusciamo ad arrestarle.

Si può ridurre il male? Si possono creare delle zone libere all'interno delle quali il suo impatto sia meno devastante? È possibile risolvere le cause che generano la fuga in massa di interi popoli?

E, soprattutto, riusciamo a capire che i viaggi vengono dopo tutto questo?

Attraversare mezzo mondo per ritrovarsi in Europa non è solo un fatto geografico, non riguarda soltanto le dogane, le polizie di frontiera, i *passeurs*, gli scafisti, i trafficanti, i centri di detenzione, le navi militari, i soccorsi, gli aiuti, i tir, le corse e le rincorse, gli stop e i respingimenti. Non riguarda solo questo, benché tutto ciò possa coincidere, per molti, con l'evento saliente della propria esistenza. Ha a che fare innanzitutto con se stessi. Saltare i muri è un'esperienza individuale.

Alla base di ogni viaggio c'è un fondo oscuro, una zona d'ombra che raramente viene rivelata, persino a se stessi.

Un groviglio di pulsioni e ferite segrete che spesso rimangono tali. Ma capita che ci siano viaggiatori che ne hanno passate tante da esserne saturi. Sono talmente appesantiti dalla violenza e dai traumi, talmente nauseati dall'odore della morte da non voler fare altro che parlarne.

Allora, in quei momenti, hanno bisogno di incontrare un altro viaggiatore. Solo un altro viaggiatore può capire il peso delle parole che pronunceranno e indicare loro la strada della leggerezza. Gli altri restano a qualche metro di distanza, sulla terraferma, incapaci di afferrare pienamente il senso di ciò che verrà detto.

Ho impiegato molto tempo per capirlo. Bisogna farsi viaggiatori per decifrare i motivi che hanno spinto tanti a partire e tanti altri ad andare incontro alla morte. Sedersi per terra intorno a un fuoco e ascoltare le storie di chi ha voglia di raccontarle, come hanno fatto altri viaggiatori fin dalla notte dei tempi. Ascoltare dalla voce di chi ha oltrepassato i confini come essi sono fatti. Come sono fatte le città e i fiumi, le muraglie e i loro guardiani, le carceri e i loro custodi, gli eserciti e i loro generali, i predoni e i loro covi. Come sono fatti i compagni di viaggio, e perché – a un certo punto – li si chiama compagni.

Come sono fatte le barche.

Come sono fatte le onde del mare.

Come è fatto il buio della notte.

Come sono fatte le luci che si accendono nell'oscurità.

Quelle voci sono plasmate con la stessa pasta dei sogni. Si riempiono di rabbia e utopia, desiderio e paura, misericordia e furore.

La terra e il cielo di prima non ci sono più, laddove un nuovo cielo e una nuova terra si stagliano davanti ai loro discorsi.

Sovente si infervorano. E allora gli occhi si sgranano e

le bocche si torcono per afferrare le sillabe che compongono la parola da cui tutte le altre discendono. Ogni volta che viene pronunciata, il mondo nuovo si affretta a venire mentre quello vecchio scompare. Il desiderio cresce, la foga diviene innocente e i morti sembrano meno morti, la sorte può essere sfidata ancora una volta. Quella parola indica una linea lunga chilometri e spessa anni. Un solco che attraversa la materia e il tempo, le notti e i giorni, le generazioni e le stesse voci che ne parlano, si inseguono, si accavallano, si contraddicono, si comprimono, si dilatano.

È la frontiera.

Per molti è sinonimo di impazienza, per altri di terrore. Per altri ancora coincide con gli argini di un fortino che si vuole difendere. Tutti la mettono in cima alle altre parole.

La frontiera corre sempre nel mezzo.

Di qua c'è il mondo di prima. Di là c'è quello che deve ancora venire, e che forse non arriverà mai.

Indice

Prima Effe

Feltrinelli
per la Scuola

IL PROGETTO PRIMAEFFE DI FELTRINELLI EDITORE
SI RIVOLGE A INSEGNANTI, GENITORI E RAGAZZI,
OFFRENDO PERCORSI DIDATTICI DEDICATI
E L'OPPORTUNITÀ DI INCONTRARE GLI AUTORI
DELLA CASA EDITRICE IN CLASSE O DA REMOTO
PER LAVORARE SUI LORO LIBRI.

Il percorso didattico di questo libro è scaricabile dal sito
WWW.FELTRINELLIEDITORE.IT/PRIMAEFFE

Puoi scriverci all'indirizzo
SCUOLA@FELTRINELLI.IT